JN410292

권예자 수필집

수필이 나를 쓴다

수필이 나를 쏜다

권예자 수필집

1판 1쇄 인쇄/ 2016년 9월 25일
1판 1쇄 발행/ 2016년 9월 30일

지은이 / 권 예 자
펴낸이 / 우 희 정
펴낸곳 / 도서출판 소소리

등록 / 제300-2007-21호
주소 03068 서울 종로구 혜화로35, 302-1호
(경주이씨중앙회빌딩)
전화 / 765-5663, 010-4265-5663
e-mail: sosori39@hanmail.net
www.sosori.net

값 12,000 원

*잘못된 책은 바꿔드립니다.

ISBN 979-11-5891-057-0 03810

*이 사업은 (재)대전문화재단, 한국문화예술위원회에서 사업비 일부를 지원받았습니다.

수필이 나를 쓴다

권예자 수필집

책을 내면서

하루도 거르지 않고
해는 뜨고 집니다.
누구도 못하는 일을 하면서도
차분하고 조용합니다.

시간은 소리 없이 다가와
일정한 속도로 흘러갑니다.
아무도 그에게서 벗어나지 못하지만
제 힘을 자랑하지 않습니다.

생명을 이끌어가는 공기도
정신의 지지대인 사랑도
눈에 보이지는 않습니다.

그런 것에 대해 쓰고 싶었지만
능력이 미치지 못해
삶의 언저리에서 마주쳤던
저장하고 싶던 순간들을 담았습니다.

언젠가는
닿고 싶은 그곳에
다가갈 수 있기를 바라면서.

2016년 가을

봄비, 권예지

▸차 례

2. 격포리의 사랑

3. 유자향기에 젖다

4. 녹슬지 않는 밀어들

1.

수필이 나를 쓴다

고흐: 삼나무가 있는 밀밭

수필이 나를 쓴다

사람들은 나를 보고 시와 수필을 쓰는 사람이라고 말한다. 이 말은 맞는 말 같기도 하고 틀리는 말 같기도 하다. 냉정히 말하자면 시는 내가 쓰는 것 같은데, 수필은 아무래도 아닌 것 같다. 내 안에 스며있는 나의 사상과 이야기를 쓰는 것이 수필이고 보면 내가 쓰는 것이 맞는데, 이상하게 나중에 보면 수필이 나를 쓴 것 같다.

'수필' 그는 참 고집이 세고 욕심이 많다.

그는 내가 글을 쓰려고 하면 주제를 정했느냐고 묻는다. 이러이러한 주제로 쓸 것이라 하면, 흔해 빠진 주제라 신선하지 못하다. 너무 크거나 작다. 교훈적이고 매력이 없는 주제라고 시작도 못 하게 한다. 소재를 선택할 때도 마찬가지다. 쓰기 쉽고 편안한 것은 진부하다고 탓을 하고, 획기적인 것은 생소하여 독자가 모를 거라며 말린다. 그래서 그의 비위 맞추기가 상당히 힘이 든다.

겨우 글을 쓰기 시작하면, 구성은 어찌할 것이냐고 묻는다. 나는 미리 구성에 신경을 쓰기보다는 일단 생각을 써놓고 나서, 문단을 배열하면서 구성을 완성하는 것이 좋다. 그런데 그는 꼭 구성을 먼저 해야 글이 이리 갔다가 저리로 가지 않는다며 화를 낸다. 하지만 이 일은 내가 그의 뜻을 따르기도 하지만, 내 마음대로 하는 경우가 대부분이다. 나는 틀에 갇히는 것을 싫어하므로 일단은 실험적이라는 것을 염두에 두고 마음대로 펼쳐놓기 시작한다.

문장에 대해서도 그냥 넘기는 법이 없다. 간결체로 쓰면 삭막하다고, 만연체로 하면 답답하다고, 강건체나 건조체는 여자답지 못하다고 한다. 우유체로 쓰면 착한 척해서, 화려체는 가벼우면서 예쁜 척해서 눈꼴이 사납단다. 어조가 강하다. 힘이 없다. 맹탕이다. 그의 맘에 들기 참 어렵다. 나는 속으로 '너 아는 것 많아서 먹고 싶은 것도 많겠다.'고 눈을 흘기면서도 그의 말을 따르지 않을 수 없다.

나는 글을 이어가기도 어려운데, 그는 시간적, 공간적, 논리적 질서가 안 맞는다고 못을 탕탕 박고, 어떤 땐 시제가 오락가락

한다며 거만하게 밑줄을 좍좍 긋는다.

특히 내 신변에 일어났던 일에 대한 내용을 쓸 때는 짜증이 날 만큼 예민하게 물고 늘어진다. '이건 아니다. 그땐 저렇게 했잖아. 왜 자꾸 치졸하게 숨겨? 그건 자기변명이야. 차 떼고 포 떼고 졸만 가지고 장기 둬? 정신 차려! 이건 수필이야.' 한다. 어떤 때는 너무 속이 상해서 며칠씩 접어두기도 하지만, 결국은 그와 타협을 하고 질질 끌려가기 다반사다.

사물을 묘사하는 부분도 의견일치는 어렵다. 나는 본 대로 느낀 대로 표현을 하는데, 그는 직설적 설명보다는 암시적 비유적인 묘사를 해야 글의 품격이 높아지는 것이라며 탓을 한다. 내가 아니라고 우기면 주제넘게 기초 공부를 제대로 하지 않고 쓰기부터 시작해서 그 모양이란다. 제발 책을 많이 읽고 공부 좀 하라며 그러지 않아도 아픈 상처에 소금을 팍팍 뿌린다.

아무튼, 이런저런 우여곡절 끝에 초고를 써놓으면 이번에는 제목이 글의 전체 내용과 맞지 않는다고 꼬집는다. 그뿐인가. 서두와 말미가 연결이 안 되는 것이 꼭 갓 쓰고 자전거 탄 것처럼 꼴불견이란다. 또 처음에 시작한 주제와는 글이 달라져서 배가 산으로 올라갔다고 호통을 치며 돌아서기도 한다.

그래도 나는 아직 구성에 대하여는 양보하지 않으므로 문단을 앞으로 넣었다, 뒤로 뺐다, 바꾸었다, 하면서 글 줄기가 잘 흐르도록 하려고 노력한다. 시간의 액자에 들어갔다 나오기도 하고, 순차적으로 또는 역순으로 사건을 끌고 가기도 한다. 새로운 시도로 꽃차 석 잔 마시는 시간과 그에 관한 수필 한 편을 읽는 시간을 맞추어도 보았다. 또 무생물이 수필을 쓰도록 인격을 부여해 보기도 한다.

내 딴에는 그에게 끌려가지 않고 내 뜻대로 새롭게 써보려고 이것저것 시도했어도, 나중에 보면 결국 수필, 그의 손바닥 안에서 놀았을 뿐이다. 이런 상태이고 보면 내가 수필을 쓰는 것이 아니고, 수필이 제 방법대로 나를 쓴 것이 아니고 무엇이겠는가?

내가 출간한 두 권의 수필집을 읽어봐도 그렇다. 그 안에는 내보이고 싶지 않은 이야기도 버젓이 나와 있고, 아무도 몰래 한밤중에 꾼 꿈 이야기까지 나와서 나를 민망하게 한다. 도대체 그것들이 다 내가 쓴 것일까? 만약 내가 썼다면 우리 둘의 기싸움에 그가 승리했기 때문일 것이다. 이렇게 수필은 제 방법대로 제가 정한 틀 안에 나를 가두고 써내려 간다.

하지만 오늘은 좀 다를 것이다. 그가 잔소리할 틈을 주지 않고 그의 틀 밖에서 빠르고 날카롭게 내가 그를 쓰는 중이니까.

'…….'

그런데 왜 이렇게 조용하지? 그는 아마도 결정적인 순간에 턱 하니 발을 걸어 나를 넘어뜨리려고 자료를 수집하고 있는 모양이다. 그래, 아직 '퇴고'라는 한 단계가 남아있으니 끝난 싸움은 아니다. 퇴고와 퇴고의 사이사이에 그가 끼어들지 못하도록 오늘은 나도 철저히 준비해야겠다. 수필, 그가 나를 쓴다? 아니다. 내가 그를 쓴다. 오늘만은.

이런 주도권 다툼 속에서도 나는 그의 곁을 떠나지 못한다.

수필, 그는 메마른 듯 촉촉하고 모난 듯 둥그렇다. 가벼운 듯 무겁다. 쇠처럼 강하다 싶으면 물처럼 부드럽고 얼음처럼 차갑다가도 봄볕처럼 따스하다. 말은 비록 짧으나 그 뜻은 깊어 늘 감동과 여운을 이끌어 낸다. 오만한 듯 겸손한 그의 매력은 어디가 끝인지 알 수 없다. 그래서 나는 수필, 그를 사랑한다.

(2012)

경회루에 걸린 그림 한 폭

어려서는 전설인 줄 알았다. 지금도 전설 같기도 하고, 실화 같기도 한 바위가 궁금해서 지인들을 따라 인왕산 치마바위를 찾았다. 사월 하순의 날씨인데도 햇빛이 밝고 온도가 제법 높았다. 더위를 못 이기는 나는 정상에 오를 때쯤엔 얼굴이 홍당무가 되었지만, 막상 바위를 대하니 마음이 서늘했다. 가엾은 폐비 신씨가 생각나서다.

주위를 둘러보았다. 성곽, 남산, 빌딩들 그리고 먼 듯 가깝게 경복궁도 보였다. 중종이 치마바위를 올려보았다는 경회루도 뿌연 대기 속에서 눈에 들어왔다. 그때 뜻하지 않은 시린 물줄기 하나가 가슴을 관통하며 지나갔다. 빼앗긴 남편에게 안부를 전하러 이 높은 곳까지 올라 붉은 치마를 펼쳐놓았다는 아내의 마음이 느껴져서다. 그 치마를 바라보던 남편의 마음은 어떠하였을까? 먹먹했다. 그것은 왕과 왕비라는 허울이 아닌, 정 깊은 남편과 아내 사이에서나 있을 수 있는 이야기였다.

성종의 둘째 아들인 진성대군은 이복형인 연산군이 늘 두려웠단다. 반정이 일어나던 그 밤에도 말발굽 소리가 자신의 집을 에워싸자 목을 매어 죽으려 하였다. 슬기로운 아내는 주변을 살펴보고 말머리가 밖을 향한 것은, 안에 있는 사람을 보호하기 위함이라며 만류하였다. 그 밤이 지나고 그들 부부는 왕과 왕비가 되었다. 여기까지는 동화의 끝부분처럼 달콤하다.

그러나 그들의 이야기는 아이러니하게도 동화의 끝부분에서 시작되었다. 왕과 왕비로 봉해진 지 이레 만에 금실 좋은 부부에게 생이별이 찾아온 것이다. 왕비의 아버지 신수근은 당시 좌의정이었고, 누이는 연산군의 왕비였다. 사위를 옹립하기 위해 매부를 버릴 수 없었던 그는 반정의 와중에서 반대파로 척살되었다. 반정공신들은 그 아비를 죽이고 딸은 왕비로 모시다가 보복을 당할 것이 두려워 '역적의 딸을 왕비로 모실 수 없다'는 이유를 들어 중종의 반대에도 신씨를 폐위시켰다. 역사상 가장 짧은 기간 왕비 자리에 있었던 중전신씨는 이렇게 인왕산 아래 사가로 내몰리고 말았다.

중종과 신씨는 열한 살 열두 살 어린 나이에 혼인하여 팔 년을 오순도순 살았다. 소꿉동무 병아리 부부로 만나 친구처럼 남매처럼 자랐으니 그 정이 곱고 깊었을 것이다. 더구나 갓 성년이 되어가는 팔팔하고 감수성 넘치는 나이에 생살 찢기듯 헤어졌으니 아픔이 얼마나 컸을지는 짐작하고도 남는다.

신씨는 물론이요. 왕위가 좋아서 차지한 것도 아닌 임금은 반정공신들에게 휘둘리며 의지할 아내마저 잃었으니… 중종은 자주 경회루에 올라 아내의 사가가 있는 인왕산 쪽을 바라보며 그리움을 달랬다. 그 소식을 전해 들은 신씨는 궁중에서 입던 치마를 인왕산 바위에 펼쳐놓아 자신의 안부를 전했다 한다.

기회가 아주 없었던 것은 아니었다. 계비 장경왕후가 남매를 남기고 스물다섯 나이로 죽자 잠깐 복위운동이 일어나긴 했지만, 문정왕후가 왕비로 책봉되면서 꿈은 물거품이 되었다. 그 문정왕후가 누구인가. 후세 사가들에 의하면 인수대비, 명성왕후와 더불어 조선왕가의 세 여걸 중 하나이니 죽은 듯 살아갈 수밖에.

임금이 인왕산 사직단에 제를 올리러 올 때면 말 먹이를 준비하여 재회를 시도한 적도 있었다. 그러나 끊어진 인연의 줄을 다시 잇지 못한 채 중종이 세상을 떠난 후에도 십삼 년을 더 살다가 일흔한 살에 눈을 감았다. 자식도 없는 한 많은 세월이었다. 그로부터 백팔십 년이 지난 영조 때서야 폐서인 신씨라는 이름을 버리고 단경왕후(端敬王后)로 복위되었다.

그날 치마바위에서 내려와 경복궁에 들렀지만, 하오의 햇살에 시야가 흐려 인왕산은 윤곽만 보일 뿐 치마바위를 찾을 수 없었다. 답답했다. 그래서 두 달이 지난 오늘 인왕산이 잘 보이는 시간에 경복궁을 다시 찾은 것이다. 보였다. 치마바위는 근정전에서도 보이고 사정전에서도 보였지만, 경회루에서 가장 잘 보였다.

인왕산 세 개의 봉우리 중 오른쪽 봉우리 아래 치마바위는 주름 몇 개를 접은 채 하얗게 펼쳐져 있었다. 거기 붉은 치마를 펼쳤다면 선명하게 보였을 것이다. 오백여 년 전 그때는 스모그도 없어 시야도 넓었을 테고, 영상물 공해도 없었으니 사람들 시력도 좋았을 것이다.

국보 224호 경회루. 두 개의 섬을 안고 도는 물줄기로 자연정화가 된다는 연못 위에 주역의 원리에 따라 지었다는 대형 목조 건물이다. 이층엔 마루를 삼단으로 깔아 품계에 맞춰 자리할 수 있게 지은 연회장. 굵다란 기둥과 돌난간의 섬세한 연꽃문양이 곱다. 우리나라 건축물 가운데 가장 많은 열한 개의 잡상을 추녀마루에 올려놓고, 두 마리 청동용까지 연못에 넣어 상징성을 살린 누각이다.

아름다운 경회루에서 생각했다. 맑음을 일으킨다는 흥청*들과 어울려 유흥을 일삼다가 맑음을 망쳤다 하여, 흥청망청(興淸亡淸)의 유래를 낳고 폐위된 연산군과 그 연산의 폐위로 원하지 않던 왕위에 올랐던 중종. 그가 사랑하는 아내의 붉은 치마를 보며 그리움을 달랬다는 아픈 사연을.

경복궁에서 가장 귀한 명화는 경회루 기둥과 기둥 사이에 걸린 자연이 그린 그림이란다. 그러나 나는 오늘 북악산을 흐르는 구름이나, 연못에 떠있는 만세산 소나무, 그리고 궁궐지붕의 자르르한 고운 선도 뒤로했다. 다만 치마바위를 안고 있는 인왕산 화폭만 오래오래 바라보았을 뿐이다. 그 화폭 안에서 작은 점 하나가 점점 커지더니, 붉은 치맛자락이 되어 경회루를 향해 너울거렸다.

순간, 붉은 치마폭 안에 미운 듯 고운 듯 평생을 함께해 온 나이든 남편의 얼굴이 겹쳐 떠올랐다. 왜 그런지 애잔했다. 나는 서둘러 경회루를 벗어나 대전행 열차에 몸을 실었다.

(2013)

---

*흥청: 연산군이 팔도의 어여쁜 여인들을 골라 운평(運平)이라는 기생을 만들었는데 그중 궁궐로 뽑혀 온 기생들.

미켈란젤로의 서명

아침 미사 시간이었다. 성가를 부르는데 목소리가 나오지 않았다. 평소 자주 부르던 성가고, 특별히 어려운 곡도 아닌데, 부를 수가 없으니 답답했다. 나는 선천적으로 음성이 낮은데다가 호흡이 짧아서 노래를 잘 부르지는 못한다. 그래도 특별히 어려운 곡이 아니라면, 다른 이들의 목소리에 의지해서 어울려 부를 수는 있었는데, 오늘은 목이 꽉 잠긴 것처럼 소리를 낼 수가 없었다. 더구나 내가 제일 좋아하는 '사랑의 송가'인데 말이다.

얕은 기침을 하고 목을 가다듬어 소리를 돋아 부르려 해도 여전히 음정이 올라가지 않았다. 1절이 끝나고 2절에 접어들자 음정을 한 단계 낮추어 불러 보았다. 어색하고 답답했지만, 그런대로 따라갈 만했다.

그런데 내가 음정을 낮추고 나니 신기하게도 다른 신자들의 음성이 들리기 시작했다. 옆 자매의 맑고 깨끗한 음성이 들리는가 하면, 뒷자리 형제의 시원하며 거칠 것 없는 목소리가 내 소리와 조화를 이룬다. 지금까지 남의 음성은 들리지 않고 내 목소리만 들리던 내 귀에… 문득 오늘처럼 겸손하게 자신을 낮추면 다른 일도 이렇게 잘 풀려나갈 것 같은 생각이 들었다.

르네상스 시대 3대 거장의 한 사람인 미켈란젤로는, 나이 스물다섯에 로마에 체류 중이던 프랑스 추기경으로부터 피에타 조각상을 의뢰받았다. 가난했던 그는 작품을 조각할 대리석을 구할 돈이 넉넉하지 않았다. 어느 날 대리석 가게 앞을 지나다가 커다란 원석이 진열된 것을 보고 주인에게 가격을 물었다. 주인은 그 대리석은 10년 넘게 진열했으나 팔리지 않고, 좁은 가게에 공간만 차지하고 있으니 필요하면 그냥 가져가라고 했다. 그렇게 대리석은 젊은 조각가의 작업장으로 옮겨졌다.

그로부터 1년이 훨씬 지난 후 조각가는 가게주인을 작업장에 초대했다. 그동안 보잘것없던 원석은 아름다운 피에타상이 되어 있었다. 앳된 성모 마리아가 십자가에서 내려진 예수를 안았는데, 예수는 성모의 무릎 위에 길게 누워 있었다. 높이가 171.6 ㎝나 되는 대작이었다. 가게 주인이 어떻게 이런 훌륭한 조각품을 탄생시킬 수 있었느냐고 묻자 미켈란젤로는 이렇게 대답했단다.

"제가 이 대리석 앞을 지나치려는데 예수님이 나를 불렀습니다. 그리고 자신이 이 안에 누워있다며, 불필요한 부분들을 떼어내 내 모습이 드러나게 하라고 하셨습니다."

세상에서 가장 유명한 미켈란젤로의 피에타상은 이렇게 완성되어 성 베드로 성당에 보존되어 있다. 이 작품은 안정된 삼각 구도와 섬세한 묘사, 그리고 유일한 미켈란젤로의 서명으로 유명하다.

이 피에타를 처음으로 선보였을 때 사람들은 그것이 나이 어린 조각가의 작품이라고 믿으려 하지 않았다. 워낙 작품의 완성도가 높다 보니 뜻밖의 소문까지 나돌기 시작했다. 당시 이름이 잘 알려지지 않았던 미켈란젤로의 작품이 아니고 다른 누구의 작품이라며 그를 칭송한 것이다. 그런 말을 전해 들은 미켈란젤로는 어느 날 피에타상이 있는 성당에 몰래 들어가 성모 마리아의 어깨띠 부분에 '피렌체 사람 미켈란젤로가 만들다'라는 글자를 새겨 넣었다.

그가 서명을 끝내고 저물녘 성당을 나서는 순간, 황홀한 저녁노을이 하늘을 물들이고 있는 것이 보였다. 그가 태어나 처음 보는 숨 막히도록 아름다운 풍경이었다. 그는 이내 후회하며 슬퍼했다고 한다.

“하느님은 저렇게 아름다운 작품을 만드시고도 하늘 어디에도 그것이 당신의 작품이라는 서명을 하지 않으셨다. 그런데 나는 대단치 않은 작품 하나를 만들어 놓고도 자신을 드러내고자 서명까지 했다.”

이 일 이후, 미켈란젤로는 그의 어떤 작품에도 서명하지 않고 겸손하게 작품 활동을 했다 한다. 신심이 남달라서 조각은 돌 속에 갇혀 있는 사람을 꺼내는 작업이라고 말하며, 돌 안에 영상을 넣어준 그의 신께 영광을 돌렸다. 미켈란젤로가 그렇게 겸손한 마음으로 작품 활동을 하였던 덕분인지 그는 화가, 조각가, 건축가 또 시인으로도 이름을 남겼으며, 생전에 그의 전기가 출간되는 행복한 작가가 되었다.

이 피에타상은 자신의 이름을 알리고 싶어 한 정신병자 때문에 수난을 겪기도 했지만, 잘 보수되어 베드로 성당 내의 여러 작품 중에서 유일하게 방탄유리 상자 안에 보호되어 있다.

나는 나이 들면 몸이 달라지듯 행동도 바뀌어야 한다는 생각을 하지 못했다. 아직은 젊다는 자만심으로 분에 넘치는 높은 목소리를 내며 살았다. 누구나 노인이 되면 눈이 어두워지고, 동작이 둔해지며, 음성이 낮아진다. 기억력, 판단력은 물론 마음

마저 약해진다. 그것은 어른답게 불필요한 것은 보지 말고, 분에 넘치게 행동하지 말며, 크고 높은 소리 내지 말고, 겸손하게 살라는 조물주의 뜻이었을 것이다.

그런데 나는 상대의 소리는 안 듣고 내 기분에 취해 혼자만의 목소리를 내며 살아온 것 같다. 이제는 매사에 좀 더 겸손해지도록 노력해야겠다. 자연과 나, 사회와 나, 친구와 나, 그리고 미켈란젤로처럼 나와 내 작품 사이에서도….

다시 '사랑의 송가'를 불러본다. 남이 듣기에는 어떨지 모르나 내 마음엔 그럴듯하게 들린다. 아마도 높게 잘 부르려는 욕심을 버리고 겸손하게 불러서 이런 느낌이 드는 것 같다. 젊어서만은 못하겠지만 낮은음을 잘 살릴 수 있도록 연습해서 다음 주엔 좀 더 멋있게 성가를 불러야겠다. (2013)

행복해요

이런 노래가 있었나?

사회자가 율동과 함께 부르는 경쾌한 노래에 뜻하지 않은 충격을 받는다. 어려운 가사도 아닌데 뒤통수를 얻어맞은 듯한 느낌이다.

숨 쉴 수 있어서, 바라볼 수 있어서,
만질 수가 있어서 정말 행복해요.
말할 수도 있어서, 들을 수도 있어서,
사랑할 수 있어서 정말 행복해요.

이 중에서 하나라도 내게 있다면,
살아있다는 사실이죠. 행복한 거죠.

살아있어 행복해. 살아있어 행복해.
네가 있어 행복해. 정말 행복해요.

즐겁고 편안하게 노래 부르는 그녀의 얼굴엔 웃음이 가득하다. 가만히 들어보니 나는 그녀가 행복하다고 노래하는 것 중 하나가 아니라 전부를 가지고 있다. 그런데도 자신이 행복하다는 생각은 별로 해보지 않았다. 오히려 나는 왜 이렇게 부족한 것이 많은가? 재주도 없고 특별한 능력도 없다. 게다가 인덕이 많은 편도 아니다. 재정이 넉넉지 않아 하고 싶은 것도 다 못하고 가고 싶은 곳에도 못 간다며 속상해한 때가 많았다.

그런데 노래를 따라 부르다 따져보니 나는 가지고 있는 것들이 정말 많다. 그녀가 말한 것 외에도 남들이 부러워할 사랑하는 가족들이 있고, 매일 전화해서 새새 거리거나, 그리워할 친구들도 있다. 많지는 않아도 기초 생활을 유지할 정도의 연금도 매달 들어온다.

시와 수필을 쓰는 즐거움이 있는가 하면, 문우들과 글을 나누는 재미도 있다. 그뿐인가, 종종 내 책이나 시를 읽고 감동하였다는 낯선 분들의 전화가 오기도 하고, 4년이 넘도록 끊임없는 격려의 메시지를 보내 주는 고마운 독자도 계시다. 행복하다는 그 사람이 갖지 못한 좋은 것들이 자꾸자꾸 생각난다.

오래전에 음성 꽃동네에 계시는 분의 시를 읽었을 때의 감동이 다시 살아난다. 그녀는 자기 혼자서는 몸을 움직이지 못하는 중증 장애인으로, 주변의 도움 없이는 먹고, 입고, 몸을 닦는 일도 하지 못하고 누워서만 사는 분이었다. 그런데도 그녀는 감사하다는 말을 수없이 담은 시를 썼다.

자세한 기억은 하지 못하나 자신이 움직이지 못하므로, 나가서 남을 해치지 않으니 감사하다. 다른 일을 하지 못하여 하느님만 생각할 수 있어서 행복하다. 내게 도움 주는 분들의 고운 사랑을 날마다 받으니 감사하다고 하였다. 나는 처음 그 시를 읽고 감동을 받았었다. 그러나 마음 한편으로는 그분은 자기 불만에 따른 자기 위안을 한 것일지도 모른다는 생각이 들기도 했었다.

한심하다. 어떻게 남의 진실한 마음을 내 멋대로 해석했던 것인지 오래된 일에 가만히 부끄러워진다. 내가 그리하지 못한다고 남도 그러려니 생각하다니 얼마나 주제넘은 교만이었는지.

사회자는 '나는 행복해요'란 말을 자주 쓰란다. 그 말을 할 때 가장 먼저 듣는 것이 나의 뇌와 가슴이므로 자신도 모르게 그렇게 되기 위해 노력하게 된단다. 행복에 대한 자신감이 있을 때 불행은 저 멀리 달아나는 것이라 한다. 그래서인지 집에서 나올 때 오기 싫었던 마음이 어느새 사라지고 웃고 있는 스스로가 느껴진다. 옆 사람의 얼굴도 발그레 상기되어 있다.

노래와 율동이 이어진다. 서로 잡고 흔드는 친구의 손에선 부드러움과 따스함이 전해진다. 여럿이 서로를 보완하는 합창 속에는 주변에 대한 배려와 사랑이 담겨있다. 행복한 시간이다. "나는 행복하다. 너도 행복하다. 우리는 모두 행복하다." 참가자들은 함께 소리와 웃음으로 행복을 나누고 행사를 마쳤다.

행복한 눈으로 바라보는 밤하늘엔 파르스름한 반달이 샐쭉 웃는다. 별똥별 한 개가 그 웃음에 쭉- 밑줄을 긋는다. 저도 행복하다고.

(2012)

클림트를 입은 여인

벌써 봄인가?

두 주일 전만 해도 진부령을 비롯한 강원 영동지방에 폭설이 내려, 고립된 마을의 제설작업에 애를 먹는다는 뉴스로 안방까지 얼었다. 그런데 엊그제 봄비가 한차례 지나고 나더니 목련이 입술을 열고 매화가 피었다. 우리 집 베란다에도 철쭉과 군자란, 꽃기린과 호접란에 수선화까지 어울려 봄이 왔다고 소란스럽다. 아직은 서늘하다며 방안에만 있던 나도 못 이기는 척 일어나 봄빛 속을 걷는다.

따뜻하다. 서대전 네거리 건널목을 건너는데 앞서 걷는 여인의 옷차림이 화사하다. 그녀는 샤넬라인을 넘는 니트를 입었는데 눈에 익은 황금빛에 끌려, 가던 길을 벗어나 그녀를 따라간다. 그 황금빛은 구스타브 클림트*의 것이다.

어쩌면 저렇게 고운 옷을 입었을까? 그녀의 등에서 절실하게 키스하는 연인들은 그녀가 걸을 때마다 찰랑찰랑 방울소리처럼 흔들린다. 누가 만든 코트인지 색감이 참 좋다. 그림 '키스'에서 금가루를 뿌려 반짝이던 부분에는 작고 납작한 구슬들을 달아 햇빛을 반영시키는 재치를 보이고 있다.

앞모습도 궁금한 나는 재빨리 그녀를 추월하여 앞으로 내달렸다가 돌아서 본다. 앞자락에서도 역시 클림트의 화려한 색채가 출렁거린다. 찰랑대던 뒤태와 다른 출렁임은 거기 있는 그림 탓이다. 그 그림의 여인은 오만한 듯 몽롱하며 쾌락적인 얼굴로 웃고 있는 '유디트'다.

아시리아군에 투항하여 호감을 얻은 후 술에 취한 총사령관 홀로페르네스의 침실에서, 그의 목을 베어 이스라엘을 구한 구약 성경의 과부 유디트다. 다행히도 그녀의 풀어헤친 왼쪽 젖가슴 아래로 움켜쥐었던 피 흐르는 적장의 머리는 보이지 않는다. 그래도 나는 그녀의 옷자락 속에 섬뜩한 머리통이 소품처럼 간직된 듯해서 기분이 묘했다.

---

*Gustav Klimt(1862~1918): 오스트리아의 화가이다. 관능적인 여성의 육체를 주제로 많은 작품을 남겼다. 1897년 '빈 분리파'를 결성하여 반(反) 아카데미즘 운동을 하였다. 1906년에는 '오스트리아 화가 연맹'을 결성하여 전시 활동을 시작하였다. 빈 아르누보 운동에서, 가장 두드러진 미술가 중 하나였다. (위키백과)

클림트의 황금빛은 봄 햇살과 정말 잘 어울린다. 그녀가 등에 지고 가는 화려하고 절실한 남녀의 키스와 유디트의 이미지가 서늘하거나 차갑게 느껴지지 않는다.

자신의 모습을 훔쳐보는 걸 알지 못하는 그녀가 나를 스쳐 지나간다. 그녀의 등 뒤로 다시 보이는 키스하는 남녀가 눈부시게 황홀하다. 나는 그 황금빛이 멀어질 때까지 그녀를 바라본다.

단테의 「신곡(神曲)」 지옥편 제5곡은 욕정이 이성을 초월하여 애욕의 죄를 범한 죄인들이 벌을 받는 곳이다. 거기서 단테는 칼바람의 채찍을 맞으면서도 꼭 껴안은 채 떨어지지 않는 두 연인을 보게 된다. 프란체스카와 파울로다. 빛이 침묵에 잠기고 휘몰아치는 바람의 싸움에 정신없이 휘둘리는 죄인 중에는 클레오파트라와 헬레네도 있었지만, 단테는 프란체스카에게 대화를 청한다. 그녀는 자신들의 저주받은 사랑을 피를 토하듯 들려준다.

"어느 날 우리는 한가롭게/ 렌슬롯의 사랑 얘기를 읽었어요/ 우리뿐이었어요. 거리낄 것이 없다고 생각했지요//

읽어가는 동안 우리는 서로 여러 번 눈이 마주쳤어요/ 얼굴도 여러 번 붉혔지요/ 그러다 단 한 순간이 우리를 엄습했어요 //

사랑에 빠진 그 연인이 오랫동안 기다린 입술에/ 입 맞추는

대목을 읽었을 때/ 그이는 온몸을 부들부들 떨면서 내게//
입을 맞추었지요/ 그리고 나를 결코 떠날 수 없게 되었지요/
그 책을 쓴 자는 갈레오토였어요/ 우리는 그날 더 이상 읽지
못했어요//" - 신곡 지옥편 /민음사

프란체스카가 말하는 동안 파울로의 영혼은 곁에서 울고 있었다. 그 비통한 이야기를 들은 단테는 슬픔에 가슴이 미어져 '정신을 잃고 시체가 쓰러지듯 지옥의 바닥에 무너져 버렸다'고 썼다.

프란체스카는 라미니 영주의 아들과 정략결혼했다. 그러나 그녀의 혼인은 사기였다. 말라테스타 가문의 지안지오토는 추남이요 절름발이였지만 그를 플렌테 가문과 혼인시키기 위해 잘생긴 동생 파울로를 맞선 장소와 혼인식장에 대신 내보내 결혼을 성사시켰다. 첫날밤이 지난 후에야 남편이 다른 사람임을 알게 된 프란체스카는 처음 마음을 주었던 파울로를 숙명적으로 사랑하게 되었다. 유부남인 파울로도 형수의 처지를 동정하면서 비극적인 사랑에 빠져들게 된다. 위 이야기는 참았던 그들의 이성이 무너지게 된 순간의 묘사다.

그러나 그들의 사랑은 불륜이었고 그것을 알게 된 지안지오토에 의해 무참히 살해되어 지옥의 폭풍 속을 떠돌게 된다. 이 사건은 당시 이탈리아를 떠들썩하게 한 실제 사건이며, 두 연인

은 단테와 같은 시대에 살았던 실존 인물이란다. 더구나 단테는 프란체스카의 아버지와 안면도 있어서 그들의 슬픈 사랑 이야기를 신곡에 기록했을 것이라는 설도 있다. 신곡에 소개된 이들의 사랑 이야기는 로댕과 클림트를 비롯한 많은 예술가의 창작품으로 다시 태어났다.

화려한 클림트를 입고 환한 봄 길을 걸어간 그 여자는 누구일까? 비극적인 연인들의 아픔을 등에 짊어지고, 적장을 벤 처절하며 몽롱한 기쁨을 가슴에 안고 걸어간 그 여자는 이 봄 어떤 꿈을 꾸고 있을까? 몇 살쯤인지 어떻게 생겼는지 얼굴은 쳐다보지도 않았지만 화려한 아픔을 간직한 여인일 것이란 생각이 든다.

봄은 얼어붙은 대지에서 생명을 끌어내듯, 냉정한 사람들 가슴에서도 온기와 사랑을 이끌어 낸다. 내가 오늘 한 여인의 옷자락에서 클림트와 단테와 금지된 사랑을 보았던 것도 순전히 저 찬란한 봄빛 탓이다. 모두에게 나누어 주고 싶은 봄빛 그리고 황금빛 사랑.

(2014)

매미, 여름을 울다

매미가 운다. 여름이면 숙명처럼 운다. 아니 숙명적으로 운다. 태풍이 한차례 지나자 매미의 울음소리가 메마르게 높아졌다.

종류에 따라 다르지만, 매미는 유충에서 성충이 되기까지 땅속에서 5~10년을 살다가 성충인 매미가 된 후로는 보통 일주일, 오래 사는 종자라도 보름 정도를 산다고 한다. 그 기간에 연인을 만나 사랑하고 종족보존의 의무도 다하고 떠나야 하니 얼마나 다급하겠는가. 그래서 구애하는 수놈은 암놈이 알아듣고 자신에게 응해줄 때까지 목이 터져라 우는 모양이다.

매미 수컷은 배 아래쪽에 특수한 발성기관을 가지고 있어 소리를 내는데, 체온이 높아야 소리를 낸단다. 온도와 조도, 습도가 적당하여야 하므로, 구름이 짙게 끼고 비가 오면 잘 울지 않는다. 또 종류에 따라 아침나절에 우는 매미가 있는가 하면 저녁에 우는 것도 있다.

울음소리도 발성기관의 구조와 처한 상황에 의해 다르다. 일기 변화에 따라 다르고, 다른 수컷들과 집단을 이루기 위한 집합 음이 다르다. 교미하기 전에 내는 짝짓기 음, 천적인 거미, 사마귀, 말벌 등 다른 동물에 붙잡히거나 어려움에 부닥칠 때 내는 소리가 다르단다. 근접해서 울고 있는 동종 수컷을 방해하기 위한 소리도 보고되었다 한다.

매미는 식물에 피해를 많이 주는 곤충이다. 유충은 나무뿌리에서 수액을 빨아먹고, 성충은 햇가지 속에 알을 낳아 나무를 말라죽게 한다. 그런데도 별로 미움을 받지 않는 것은 저 절박한 울음소리 탓이 아닐까 싶다.

옛사람들은 매미를 빛과 어둠의 영이라 여겼다. 중국에서는 부활, 불사(不死), 영원한 젊음, 행복, 색욕과 악덕의 억제로 보았으며, 장례 때 입안에 넣는 옥 매미는 불사를 보증한다고 여겼다. 그리스에서도 불사를 뜻하며, 매미는 피를 흘리지 않고 이슬만 먹고산다고 생각하여 아폴론 신에게 제물로 바쳤다.

매미의 전설은 슬프다. 그리스 신화의 에오스(아우로라)는 태양이 뜰 때 장밋빛 손가락으로 어둠의 장막을 걷어내는 새벽의 여신이다. 그녀는 준수한 외모를 지닌 트로이아의 청년 티토노스를 사랑하여 납치했다. 그리고 그를 영원히 자신의 곁에 두기 위하여, 제우스를 찾아가 그가 영원히 죽지 않는 신이 되게 해 달라고 청했다. 그녀는 허락을 받았지만, 기쁨에 들떠 영원한 젊음을 유지할 수 있게 해달라는 부탁을 잊고 말았다.

둘은 행복했지만, 세월이 갈수록 티토노스는 늙고 쇠약해져 갔다. 늘 젊기만 한 아름다운 여신 에오스로서는 티토노스가 점점 귀찮게 여겨졌다. 그러나 그를 차마 내치지 못하고 자신의 궁궐에 가두었다. 티토노스는 그곳에서 비참하게 살았다. 죽지도 못하는 그는 너무 늙은 나머지 점점 쪼그라져 인간의 모습을 잃고 매미처럼 말라비틀어진 채, 버들 바구니에 담겨 에오스를 찾으며 울고 또 울었다. 그것을 가엾이 여긴 에오스는 그를 매미로 만들었다고 한다.

또 다른 전설도 있다. 시빌레는 아폴론신전에서 신탁을 전하는 어여쁜 사제였다. 무슨 소원이든 한 가지를 들어주겠다는 아폴론의 말에 영원한 삶을 요구했다. 그러나 젊음을 함께 구하지는 못했다고 한다. 아폴론은 만일 그녀가 처녀성을 자신에게 준다면 변치 않는 젊음을 주겠다고 제안했으나, 자신을 너무 사랑한 시빌레는 그것을 거절했다. 그녀는 늙어갈수록 쭈그러들어 마침내 매미와 비슷해져서, 아폴론신전 안에 걸린 새장에서 새처럼 달려있게 되었다. 울 기력도 없이 삶에 지칠 대로 지친 그녀는 신전에 찾아온 아이들이 "시빌레, 무엇을 원하나요?"라고 물으면 "죽고 싶어."라고 대답했다고 한다.

오늘은 매미가 더 억척스럽게 운다. 말복이 가까워오니 그도 다급해진 모양인지 밤인데도 베란다 방충망에 매달려 찌르듯 운다. 저렇게 울고 또 우는 수매미는 아무래도 티토노스의 슬픔을 몸속에 품고 있을지 모른다는 생각이 든다. 시빌레로 대변되는 암매미는 울지도 못하니까. 이래서 수다스러운 아내와 사는 남자들은 매미를 좋아한다는 우스갯소리가 있는 모양이다.

신화를 읽다 보면 그들의 세상은 불사(不死)와 불로(不老)를 빼면 인간 세상과 흡사하다. 사랑, 용기, 패륜, 질투, 믿음, 배반, 음모, 허욕, 복수에 이르기까지. 신화 또한 인간이 만들었으니 어찌 안 그렇겠는가. 이렇게 선대들은 신화를 통하여 인간을 일깨워 왔다.

지나친 허욕이 비극의 시발점이 된다는 것도 그중 하나일 것이다. 인간인 티토노스나 시빌레가 영원한 삶을 얻었다는 것 자체가 원초적인 비극을 잉태하고 있는 것이 아니었을까? 그래도 우리는 유전인자를 변형해서라도 더 오래, 젊게 살기를 바란다. 이러다 언젠가는 시빌레처럼 '죽고 싶어'라고 말하는 세상이 올까 두렵다.

바짝 마른 몸매에 눈만 커다란 매미가 베란다 너머에서 나를 들여다보며 운다. 왜 그런지 몸에 소름이 쫙 돋는다. 나는 또 얼마나 많은 허욕을 부리며 살아왔고 살아가는 중인지… 매미 울음소리를 들으며 자신이 한심스러운 후끈 오싹한 여름밤이다.

(2013)

고양이 똥

어떤 커피가 가장 맛있느냐는 질문을 종종 받는다. 그럴 때 내 대답은 한결같다.

"안개 자욱한 날 옆 사람이 마시는 커피."

사실이 그렇다. 커피는 내가 마실 때도 좋지만 남은 마시는데 나는 못 마시는, 향기로 느끼는 커피처럼 욕심나는 것은 없다. 그것이 축축한 늦가을 아침이라면 더욱 그렇다.

나는 커피 애호가는 못되지만 자주 마시는 편이다. 수필이나 시의 첫 행을 쓰거나 글이 완성되어 탈고하면서 마신다. 좋은 책의 첫 페이지를 넘기기 전에도 마시고, 작가의 모습을 연상하면서도 마신다. 특별히 미각이 발달하거나 고급스럽지도 못해서, 어떤 종류는 좋고 또 어느 것은 싫다는 구별도 없이 가까이 있는 커피를 즐긴다. 사람 대하는 일도 커피 마시듯 편할 수 있었으면 얼마나 좋을까 싶다.

몇 년 전 세계에서 가장 비싼 코피 루왁(Kopi Luwak)이 인터넷을 장식한 적이 있었다. Kopi는 인도네시아어로 커피를, Luwak은 말레이 사향고양이를 뜻한다. 이 커피가 유명해진 것은 영화 '버킷 리스트'에서 주인공 잭 니컬슨이 즐겨 마시는 커피로 여러 번 언급된 영향도 있다. "얼마나 맛있는 커피면 시한부 선고를 받은 병실에까지 마실 준비를 해갔을까?" 하는 호기심이 수요심리를 자극했나 보다. 우리나라에서는 신라호텔이 한 잔에 4만 원에 팔기 시작하자, 그보다 싼 고양이 똥 커피를 파는 곳도 생겨나기 시작했다.

사향고양이는 잡식동물이다. 인간보다 발달한 후각을 지닌 그들은 인간이나 기계로 구분할 수 없는 잘 익은 고품질의 커피 열매만 골라 먹는단다. 그런데 열매의 겉껍질과 내용물은 소화하는 반면 딱딱한 속 알갱이는 그냥 배설한다. 그 커피콩을 물에 잘 씻어 건조한 후 커피를 만들어 보니 그 맛과 향이 일품이더란다.

이렇게 뛰어난 향과 맛뿐 아니라, 숲에서 야생으로 살아가는 루왁의 배설물은 채취도 힘들고, 워낙 적은 양이다 보니 그 희

소성 때문에 세계에서 가장 비싼 커피가 된 셈이다. 마셔본 이들의 평은 가지가지다. 어떤 이는 '입안 가득 퍼지는 꽉 찬 달곰함과 은은하게 유지되는 신선한 듯 고소한 향이 정말 최고'라고 표현했고, 또 어떤 이는 '뭐 별다를 것 없더라.' 하니 마셔보지 못한 나는 알 수 없다.

그런데 커피 르왁의 높은 인기가 인간의 욕심에 불을 댕겼다. 인도네시아 주민들이 야생의 사향고양이를 잡아다 집단 사육하기 시작했다. 작은 공간에 그들을 가두고 커피 열매만 먹이는 사태가 벌어진 것이다. 우리에 갇혀 들판을 뛰어다니지도 못하는 고양이로부터 채취한 커피가 과연 최고의 커피일까? 게다가 예멘의 원숭이커피, 베트남의 다람쥐커피 등 동물의 배설물을 이용한 여러 종류의 커피가 생겨나기 시작했고 가짜도 많다고 한다.

그래도 하찮게 여기는 배설물에서 음식물을 생산한다는 것은 얼마나 대단한 일인가. 처음 고양이 똥을 잘 관찰하고 그것으로 커피를 만들어본 사람의 실험정신이 없었다면 이처럼 독특한 커피는 생겨나지 않았을 것이다.

동물의 배설물이 유용하게 쓰이는 것은 커피만이 아닌 것 같다. 코끼리 똥으로는 종이를 만든다. 하루에 50kg의 변을 보는 코끼리 똥에는 섬유소가 많이 포함되어 있다. 섬유소 10kg이면, A4용지 660장의 종이를 만들 수 있다고 한다. 코끼리 똥으로 종이를 만드는 스리랑카의 '막시무스(MAXIMUS)사'는 '밀레니엄 코끼리 보호소'에서 코끼리 똥을 가져와 햇볕에 잘 말려서 24시간 동안 푹 삶아 살균한 다음 종이를 만든다. 이 과정에서 불쾌한 냄새는 모두 사라지고 섬유소만 그대로 남게 되어, 오히려 풀 냄새와 같은 좋은 향이 나기도 한단다. 나무를 자르지도 않고 화학물질도 넣지 않는다니 이만한 친환경 제품도 없을 것이다.

「똥으로 종이를 만드는 코끼리 아저씨」라는 동화책은 코끼리 똥 종이로 제작되었다. 서로 살기 위해서 다투던 코끼리와 인간이 어떻게 평화롭게 공존하면서 살게 되었는지, 그 과정이 코끼리 똥 종이 제작과정과 함께 동화로 엮여 있다. 작가는 투시타 라나싱헤(Thusitha Ranasinghe) 막시무스사의 대표다. 코끼리 똥으로 만든 제품의 수익금은 일자리를 만들고 코끼리보호소 운영비로 쓰인다.

편견 없이 종이를 보면, 좀 투박하지만 은은한 빛깔과 자연이 만든 문양이 오히려 고급스럽게 느껴지기도 한다. 우리나라에서도 오래전부터 우분지(牛糞紙 소똥종이)를 만들어 쓰기도 했고, 지금도 마분지(馬糞紙 말똥종이)를 쓰고 있다.

나연이는 첫돌이 지나자, 두 살 터울의 오빠와 함께 대전에 내려와 우리와 살다가 다섯 살 봄에 서울로 올라갔다. 그 애는 변기에 앉아 변을 보고 나면 그걸 열심히 들여다보면서 "참 예쁘다. 예쁜 애야 안녕! 잘 가." 하며 인사를 하였다. 그 모습은 귀여웠지만 나는 질색하며 빨리 물을 내리라고 재촉하곤 했었다.

하지만, 그런 편견 없는 마음과 자세한 관찰이 코피 르왁이나 코끼리 똥 종이를 생산해 내는 근원이 아닌가 싶다. 결국 우리의 풍요로움은 누군가의 관심과 실험정신에서 비롯된 것이다. 그들의 노고에 감사하면서 나는 천천히 카푸치노를 마신다.

(2015)

겨울 수목원에서

겨울 수목원을 걷는다. 오늘은 봄이 깃든다는 입춘. 산책로마다 한숨처럼 쌓인 눈이 오소소 떨고 있다. 주위를 둘러봐도 사람은 없다. 그런데 누군가 따라오는 기척이 있다. 아마도 고독이란 이름의 친구인가보다. 이것은 그의 사랑법이다. 외로울 땐 곁에 있어주고 번잡할 때 물러나 주는 너그러운 친구. 없는 듯 있고, 있는 듯 없는 친구다.

소나무와 대나무는 오늘따라 푸른빛 위에 흰빛이 내려앉아 더 푸르다. 그들도 안으로 봄맞이 준비 중인가 보다. 의연하고 의젓하다. 이래서 선현들은 사철 변치 않는 그 모습을 칭송하며 사군자에 넣어 사랑하였나 보다. 나도 변치 않는 그 모습이 장해서 그들처럼 당당하게 늘 푸르게 살고 싶었다. 닮고 싶었다.

그런데 오늘은 그들이 이질적으로 느껴진다. 대부분 나무가 맨몸을 드러내고 솔직하게 서 있는 곳에, 저희만 따뜻하게 옷을 입은 모습이 눈에 거슬린다. 목욕탕에 옷 입고 들어와 점잖은 척하는 사람을 보는 것 같다.

사람도 언제나 마음에 한 겹 옷을 입고 남을 대하는 사람이 있고, 맨 모습 그대로를 보여주는 사람이 있다. 첫 번째 사람은 존경스럽지만 가까이하기 두렵고, 두 번째 사람은 얼핏 가벼운 듯 보여도 가슴을 터놓고 수다를 떨어도 좋다.

화목정(花木亭)은 얼음 호수를 보며 말없이 서 있다. 얼음에 비친 다리 난간의 맵시가 일품이다. 호숫가의 황새 한 쌍은 발이 시린지 한쪽 발을 들고 먼 산을 바라보며 우두커니 서 있다. 가까이 가보니 여름에는 있는 줄도 몰랐던 조형물이다. 조형물이라도 안타까운 모습이다. 아마도 내 마음이 추워서인 듯하다.

덩굴장미도 없는 아치를 지난다. 삭막하다. 휘청 발이 미끄러진다. 놀라긴 했어도 넘어지진 않았다. 역시 뒤를 따르던 친구가 또 받쳐준 모양이다. 인생을 살면서 비틀거리고 춥지 않았던 때가 없었다. 그때마다 늘 함께했던 그는 내게 사색을 통하여 길을 안내하고 자신을 지탱하는 힘을 주었다.

그가 없었다면 나는 바른 판단이 무엇인지도 몰랐을 것이다. 그래서 나는 위기에 처할 때마다 그를 만난다. 사람과 사람 사이에서 발견할 수 없는 것도 그의 곁에서는 태어나고, 날카롭게 찔린 상처도 그의 다독임으로 아물어 갔다.

오늘만 해도 그렇다. 그와 함께 천천히 수목원을 한 바퀴 돌고 나니 얄미워 보이던 소나무와 대나무도 멋지다는 생각이 다시 든다. 그들의 겉만 보았던 편협함이 바뀌어 내면도 느껴지는 것이다. 오만해서 잎을 달고 있는 것이 아니라 함께 가야 해서 벗지 않은 것이라 여겨진다. 남들이 겨울을 나려고 구조조정을 할 때 그들은 가족을 덜어내지 않고 서로 의지하여 추위를 견디고 봄을 맞는 것이다.

또한 낙엽수는 근본을 튼튼히 지키며 겨울을 나기 위해 제 몸의 일부를 떼어내는 희생을 감수했다. 그러고 보면 서로 부둥켜안고 어려움을 극복한 상록수도 아름답고, 잎을 버림으로써 모체를 튼튼히 보존하는 낙엽수도 곱다. 이렇게 고독이란 이름의 친구를 동반하고 있으면 세상 모든 것들이 순화되고 정겨워진다. 입춘의 겨울 수목원에는 그가 머물고 있어 적막한 아름다움이 깊다.

(2012)

다세대주택

이번 시의 주제는 빈집이다. 그냥 시를 한 편 쓰라고 하면 그동안 관심을 가지고 지켜보았던 것 중에서 깊이 생각하고 다듬어 시를 쓰는데, 주제를 미리 받아서 쓰는 건 나처럼 자질이 부족한 사람에겐 쉽지 않은 일이다.

그동안 내가 본 폐가와 사진 속 이미지들을 비교해도 신통한 생각은 나지 않았다. 다른 시인들이 표현한 빈집이나 폐가는 몸에서 정신이 빠져나간 사람들이 그 주인공이 되었거나 거기서 살았던 사람들의 추억이 들어있다.

치매환자, 임종을 앞둔 노인, 정신이상자, 그곳을 버리고 떠났다가 돌아온 사람 등이다. 어떻게 그런 좋은 시들을 썼는지 감탄을 하며 그 솜씨가 정말 부러웠다. 그런데 그분들이 쓴 시를 피해 다른 시를 쓰려하니 능력도 없는 나로선 영 답답하기만 했다.

이렇게 앞뒤가 꽉 막히게 답답할 때면 나는 기차나 버스를 탄다. 오늘은 정류장에 제일 먼저 도착한 시내버스를 타고 종점에서 내렸다. 마을과 산 그리고 오른쪽 언덕바지에 골조만 완성한 채 여러 해 방치된 듯한 커다란 빌딩이 먼저 눈에 들어왔다. 내 시의 배경으로 잡기엔 너무 큰 느낌이었다.

산을 향해 걸어가니 낡은 기와집이 대문을 열어젖히고 나를 부른다. 장마 끝에 웃자란 풀이 마당에 가득한 것이 빈집임을 알려준다. 생각 한 줄기가 번쩍 스쳐간다. 그렇다. 나는 폐가를 어째서 사람의 입장에서만 생각했을까? 사람에게는 버려진 폐가이지만, 다른 곤충이나 식물에게는 '버려짐' 그 자체만으로 낙원도 될 수 있는 것을… 그래서 첫 연을 적었다.

언덕 아래 버려진 폐가
버림받은 순간부터 낙원이 되었다
아무도 등기이전은 하지 않았지만
누구도 무주택자는 아니다

안으로 들어서니 거미줄이 금줄처럼 늘어져 통행을 방해했다. 방에도 부엌에도 나뭇가지에도 휘장처럼 걸려있다. 마루에 앉아 고개를 숙이니 댓돌 아래로 개미들이 쉴 새 없이 오고 간다. 마루와 벽, 방바닥, 석가래 보이는 곳마다 다른 곤충과 벌레들도 소리 없이 부산했다. 다리가 많은 지네 비슷한 것도 보인다. 부엌문을 열자 바퀴벌레가 와르르 흩어진다.

거미가 분양받은 곳은
벽과 천장 사이 바람이 잘 통하는 곳
비밀을 좋아하는 개미는
지하실을 개조하여 미궁을 지었다
발 빠른 바퀴벌레는
부엌 나무찬장 아래 새살림을 차렸다

어느 폐가나 그렇듯 마당은 풀들의 천국이다. 작은 꽃들도 지천이다. 찌그러진 기와지붕을 반 넘어 덮은 담쟁이는 촘촘했다 느슨했다 제멋대로 선을 그으며 너울거린다. 그 모습도 옮겨 적었다.

바람에 날려 온 풀씨도
잔디를 제치고 영역을 넓혔다
담쟁이도 질세라 낡은 기와지붕을
끌어안고 기승을 부린다

그렇게 여럿이 어울려 사는데도 집은 한없이 적막하다. 날씨가 좋으면 햇빛과 어울리고 비가 오면 스스럼없이 비를 맞거나 피하며 불평 없이 사는 그들의 생태가 문득 부러워졌다. 이 집은 버려져 있지만 버려진 것이 아니다. 사람들이 꿈도 꾸지 못할 자유로움 속에서 각자가 반듯한 질서를 지키는 중이다. 신기했다. 그래서 나는 자연에 슬쩍 인격을 부여해 본다.

적막은 이 집의 터줏대감
안으로 주민들의 소란을 잠재우고
밖으로 해와 달 구름과 계약을 맺고
별에도 친선 사절을 파견한 지 오래다
거래 품목은 향기와 질서 그리고 추억
방송국은 소통채널로 단일화되었다

휘익, 죽은 듯한 고요 속을 바람이 마당을 가로질러 달려오더니, 안방 문을 열어젖힌다. 먼지가 바람의 꽁무니를 잡고 사방으로 흩어진다. 풀잎이 간드러지게 흔들리자 감나무 잎이 후드득 포물선을 그리며 떨어진다. 생각해보니 바람은 이집 저집을 돌아다니며 근황을 살피고 소식을 주고받는 전령사다. 바람이 중간역할을 잘만 해준다면 당분간 이 마을엔 별 문제가 없을 것 같다.

세로 날고 가로 구르며
이집 저집을 기웃거린 속기사 바람은
홈페이지에 이렇게 적었다
단독주택이던 이 집은
이제 다세대주택이 되었다
분쟁 없는 다문화 마을이 되었다

그래, 이 다세대주택에도 홈페이지 하나는 만들어줘야지. 지금이 인터넷시대인데. 그래야 기록도 남기고 더 긴밀하게 소통을 할 수 있을 것 같으니까. 이렇게 간신히 마무리 해놓고 제목을 곰곰이 생각했다.

다세대주택으로 할까? 다가구주택으로 할까? 한 건물에 여럿이 어울려 사는 것은 비슷하다. 하지만, 각 세대가 분양을 받고 주인이 되는 공동주택 개념인 다세대주택과 소유주가 하나인 단독주택으로 여러 가구가 사는 다가구주택은 독립적인 면에서 좀 다른 것 같아서 '다세대주택'으로 정했다.

마지막 한 행은 나의 소망이다. 분쟁 없는 마을, 나라, 세상이 지구 위에 가득하면 얼마나 좋을까하는. 인간은 곤충이나 식물보다 우월하니 하자고하면 못할 것도 없으리라 생각하며 나는 언덕 아래 낙원을 떠났다. 시 한 편을 가슴에 끌어안고. (2015)

옥이는 오지 않았다

- 크리스마스의 추억

여고를 졸업한 이듬해 성탄절이었다. 내 이십대 초반의 성탄 전야는, 친구들과 함께 밤을 지내야 즐겁게 보냈다고 인식되던 때였다. 나도 단짝들과 만두를 빚어 밤참을 먹고, 다과를 나누며 학창시절의 추억을 건져내고는 했었다.

그날도 개인적으로 가까운 사람과는 미리 선물을 교환하고, 우리는 열 시에 순이네 집에서 모였다. 매년 만나던 여섯이 모였는데 이번에 처음 함께하기로 한 옥이는 아직 오지 않았다. 한 친구가 말했다.

"그 애를 왜 우리 팀에 넣었어? 소문이 안 좋던데."

"그래? 옥이는 밝고 착하잖아. 무슨 일 있어?"

"살림을 차렸다더라."

"뭐? 겨우 스무 살에 결혼식도 안 올리고?"

시쳇말로 쇼킹한 이야기였다. 지금도 그렇지만 당시에 처녀가 살림을 차린다는 것은 해서는 안 될 큰 사건이었다.

옥이는 예쁘고 명랑하며 영리했다. 공부도 잘한 편이었는데 친구가 없이 늘 혼자 다니곤 했다. 우연히 만난 자리에서 이번 성탄절엔 우리 모임에 오고 싶다기에 그러라고 한 내 입장이 난감하였다.

그녀는 플라이급 권투선수와 사랑에 빠졌단다. 둘 다 시골에서 올라와 자취하던 처지여서 여고를 졸업하자 바로 방을 합쳐 버렸다고 했다. 얼마 전 친구가 저물녘에 만났는데, 옥이는 남장에 검은 모자를 쓰고 그 선수는 스커트에 하이힐을 신고, 팔짱을 끼고 희희낙락하며 걸어가더란다. 민망해서 인사도 못했다고 한다. 우리는 옥이 때문에 손해나 입은 것처럼 그들을 도마 위에 올렸다.

그래도 만남은 즐거웠다. 또 다른 많은 이야기가 흐드러진 웃음 속에서 오고 갔다. 그중에도 이성 친구에 관한 이야기는 가슴을 달콤하게 했고, 새로 들어간 직장에서의 스트레스는 공감을 자아냈다. 자정엔 성당에 가서 함께 미사를 드렸다.

우리가 그 성당의 미사에 참여하는 것은 성탄을 거룩하게 보낸다는 의미도 있었지만, 그날은 '프란치스코 수도회' 수사님들이 미사에 참석하기 때문이기도 했다. 모자가 달린 갈색 수도복을 입은 수사님들이 앞자리에 나란히 앉아 계신 모습은 직접 만나보지 못한 예수님처럼 성스럽게 느껴졌다. 그뿐인가, 성체를 모시는 경건하고 조용한 걸음걸이며, 성가를 부를 때의 은은한 음성은 무엇과도 비교할 수 없는 부드러운 매력으로 처녀들의 마음을 사로잡을만했다.

그렇게 밤을 새우고 우리가 헤어질 무렵까지 옥이는 오지 않았지만, 누구도 그녀를 기다리거나 궁금해 하지 않았다. 우리 마음속에는 행실이 나쁜 옥이는 친구가 아니라는 생각만 가득했던 것 같다.

두 달이 지나서야 나는 옥이가 자살했다는 소식을 들었다. 그것도 우리와 만나기로 했던 그 성탄 이브에. 집주인의 말에 따르면 그날 저녁 어린 연인들은 심하게 말다툼을 했다고 한다. 남자가 화를 내고 나가버린 사이에 그녀는 아궁이의 연탄을 방안에 들여놓고 이불을 뒤집어쓰고 세상을 버렸다고 했다. 아침에 돌아온 남자가 반은 정신이 나가서 울부짖으며 그녀를 끌어안고 놓지 않았지만, 가족들은 옥이를 빼앗아서 그날 바로 떠나보냈다는 것이다.

참혹한 충격이었다. 어떻게 그런 일이 있을 수 있었을까? 종종 신문 사회면을 장식하던 사건이 우리에게 일어나다니 어이가 없었다. 더구나 그날 우리들의 말이나 행동도 용서하기 어려웠다. 그것은 예수님의 뜻과는 전혀 상반된 것이었다. 친구가 죽어가는 시간에 우리는 그녀를 매도하고 잘난 척하기에 급급했었으니까.

그날 이후로 당시의 친구들은 성탄절을 함께 지내지 않았다. 입 밖에 내어 말한 적은 없지만, 각자의 마음속에는 우리가 그날 간접적으로 옥이를 죽였다는 생각에서 벗어날 수 없었기 때문이다. 오지 않는 옥이를 걱정하며, 집에 찾아갔더라면 그녀를 구할 수 있었을지도 모른다.

지금 생각해보면 그들은 서로 사랑했고 자신들의 순수한 감정에 충실했다. 형편에 의해 순서를 바꾸어 살림 먼저 차렸던 것뿐인데, 세상 사람들은 왜 그들을 죄인처럼 여겼을까?

해마다 성탄절은 오고 나는 종종 그날을 생각한다. 스무 살 옥이를 옥죄인 사슬은 둘 사이의 말다툼이 아니다. 자신에겐 로맨스인 일이 남이 하면 스캔들이 되는 자기중심적 사고방식과 편견이 그녀를 죽음으로 몰아넣은 것이다.

하느님은 좋은 가문의 그럴싸한 아가씨들 다 제치고 시골처녀 마리아를 성모로 선택했다. 또 만왕의 왕 예수는 외양간 말구유에서 태어나 십자가에서 처참하게 죽었다. 왜 그랬을까?

올해도 성탄이 다가오고 있다. 기쁨과 사랑을 나누는 사람이 많겠지만, 누군가는 보이지 않는 곳에서 또 울고 있을 것이다. 올해는 그 눈물을 닦아줄 깨끗한 손수건 한 장 준비해 두고 싶다. 옥이에게 선물하지 못한 손수건 한 장을. (2012)

빈첸시오의 집

열두 시 정각, 문이 열렸다. 손님들이 들어오기 시작했다. 백원짜리 동전을 봉사자에게 건네며 들어서는 모습이 당당하다. 휠체어에 앉은 중년 남자, 모자를 푹 눌러쓴 어르신, 다리를 저는 아주머님들까지 순식간에 자리가 찼다. 앞쪽 구석 자리부터 뒤쪽 끝자리까지 일흔두 좌석이 가득 차는 시간은 채 삼 분도 되지 않았다.

음식은 이미 제자리에 놓여있다. 오늘은 차조를 넣은 쌀밥에 반찬 세 가지. 계란찜, 감자볶음 그리고 포기김치를 넣은 돼지고기두루치기다. 국은 북어 대가리와 다시마를 넣고 오래 우려낸 국물에 콩나물과 북어, 무를 넣고 끓여 퍽 시원하다.

봉사자 형제들은 음식이 더 필요한 분들을 위하여 큰 그릇에 밥과 국을 담아 들고 식탁 주변을 돌고 있다. 반찬도 더 나누어 준다. 아침 일찍부터 나와서 찬거리를 다듬어 씻고 요리하던 여자 봉사자들은 계속 식판에 음식을 담아낸다. 일부는 고무장갑을 끼고 설거지 준비를 한다. 적어도 200명 정도의 손님이 오시므로 설거지하는 일도 만만치 않다.

여기는 빈첸시오의 집. 독거노인과 행려자, 노숙인 등 집에서 식사하기 어려운 분들을 위해 백 원짜리 점심이 제공되는 곳이다. 아이들 용돈으로 주어도 받지 않을 백 원이지만, 이 돈을 받는 목적은 손님들에게 사서 먹는다는 자부심을 드리기 위해서다.

공짜로 먹으면 얻어먹는 것이지만, 돈을 내고 먹으면 사먹는 것이다. 혹여 돈이 없는 경우는 빌려드린다. 그러나 꼭 갚지 않아도 된다.

이런 집이 대전에는 두 곳이 있다. 삼성동에 있는 성모의 집과 이곳 빈첸시오의 집이다. 천주교에서 운영하며 지역의 신자들이 번갈아 일을 돕는다. 개인이나 단체에서 도와주기도 한다. 타 종교인들도 오신다.

봉사를 원하는 분은 미리 신청해야 한다. 식당에서 배식하시는 형제님들과 주방에서 일하는 자매님들을 합해 대략 하루 봉사자는 스물다섯 명 내외다.

식사는 월요일부터 금요일까지 제공하고, 주말에는 둘째, 넷째 토요일만 한다. 그 토요일에는 성모의 집이 쉬므로 빈첸시오의 집은 대만원이다. 대신 성모의 집에서는 인근에 사시면서도 거동이 불편하여 오지 못하시는 어른들께 도시락을 배달해드리기도 한다.

음식 솜씨가 없는 나는 주로 찬거리를 다듬어 씻거나 채소 써는 일을 한다. 집에서는 급한 대로 일을 하지만 여기서는 세밀하고 꼼꼼하게 해야 한다. 콩나물을 씻을 때도 작은 흠집 하나만 있어도 떼어내고 네 번 이상 씻는다. 하루에도 몇 번씩 샤워하는 콩나물이 '네가 나보다 깨끗해?' 하고 짜증을 낼 지경이다. 그래도 여러 사람이 먹을 음식이고, 값이 싸기에 더 공을 들인다.

재료는 가격보다 품질 우선이다. 이곳에 식자재를 기부하는 분들도 최상품으로 보내시고, 사는 것도 좋은 것으로 골라서 산다. 식단도 매일 바뀐다. 일이 끝나면 청소를 깨끗이 한 후에 시작할 때처럼 함께 모여 기도를 하고 해산한다.

"오늘 북엇국이 참 시원했지? 두루치기는 너무 짠 것 같지 않았어?" 집에 가려는 내 귀에 들리는 말이다. 어르신 몇이 빈첸시오의 집 앞 공터에서 운동하거나, 의자에서 쉬면서 식사에 대하여 얘기를 나누신다. 괜히 민망하다. 그러면서도 기분이 좋다. 이런 말을 나눌 수 있는 것은 그분들이 이곳을 참 편하게 생각하신다는 증거이기 때문이다.

처음 이 집에 왔을 때, 책임자께서 "손님 중에는 이곳의 점심 한 끼로 하루를 견디는 분들이 계신다. 음식을 더 원하시면 넉넉히 드리고, 귀한 손님 대하듯 공손히 하라"는 당부를 하셨다. 요즘 식당에 가면 음식이 남아서 버리는 것이 태반이다. 그런데 또 한쪽에서는 세 끼 식사를 한 번으로 대신한다니….

나도 어려서 하루 한 끼도 먹지 못하고 지낸 경험이 있어서 그 말이 예사롭게 들리지 않았다. 그때는 전쟁 끝이었고 다들 배가 고프던 시절이라 상대적인 박탈감은 없었다. 작은 것도 이 집 저집 나누어 먹으며 어려움을 견뎌냈다. 그런데 요즘은 빈부의 차이가 심해진 데다 가정마다 콘크리트 벽에 막혀서 옆집이 굶는지 먹는지도 모르고 살아가니 주변의 도움을 받기도 쉽지 않다.

누군가 하느님께 "인간을 만드셨으면 그들이 먹을 음식도 주셔야지 왜 굶어 죽게 하느냐"고 항의를 하자, 하느님께선 이렇게 대답하셨단다. "얘야, 나는 사람을 지을 때 그들이 먹을 음식도 충분히 만들었다. 그런데 욕심쟁이 몇이 너무 많이 갖는 바람에 모자라게 된 것이다."라고. 나도 어쩌면 그 욕심쟁이 중의 하나일지도 모른다. 두 식구 살면서도 음식이 남아서 버리는 일이 허다하니까.

천주교 대전교구에서는 교구설정 60주년을 맞이해 생활 속 이웃사랑의 실천으로 '1313운동'을 하고 있다. 이 운동은 가난한 이웃을 위해서 하루에 세 번 기도하고, 하루에 세 번 사랑 나눔을 실천하자는 운동이다. 사랑 나눔의 방법 중 식사 때마다 최소 100원씩 하루에 300원을 모으는 운동이다. 이 돈은 매월 마지막 주에 봉헌하여 교구청에 모아지며, 성모의 집이나 빈첸시오의 집을 비롯한 불우이웃돕기에 쓴다.

참 좋은 방법이다. 자선도 넉넉한 사람은 떳떳하고 자랑스럽게 하지만, 어려운 사람은 적은 돈으로 자선하기도 부끄럽다. 이럴 때 1313운동으로 누구나 참여하여 남을 도울 수 있으니 얼마나 좋은가.

빈첸시오의 집에서 돌아오며 생각했다. 끼마다 100원을 넣는 일도 늘 잊어버려 한꺼번에 넣는 버릇은 고쳐야겠다. 1313의 취지에 따라 적은 돈이라도 기도하는 마음으로 정성껏 하여야겠다고. 오늘도 하늘은 푸르다. (2016)

2.

격포리의 사랑

모네: 해뜨는 광경

격포리의 사랑

사람들은 저를 바위라고 부릅니다.

제 외모는 바닷물의 침식으로 마치 수만 권의 책을 쌓아 올린 듯 다층을 이루고 있어요. 태어난 것은 중생대 백악기. 그러니까 약 칠천만 년 전부터 생성된 퇴적암이고, 화강암 또는 편마암이라 합니다.

사는 곳은, 전라북도 부안군 변산면 격포리, 채석강(彩石江).* 이에요. 채석강이라는 이름은 중국의 절경 채석강과 흡사하여 붙여진 이름이래요. 당나라 시인 이태백이 배를 타고 술을 마시며 시를 읊던 중, 강물에 비친 달을 잡으려다 빠져 죽었다는 곳이지요.

평소의 제 성격은 말이 없고 퍽 무뚝뚝한 편입니다. 그런데 오늘은 누군가와 이야기를 하고 싶군요. 그것도 사랑에 대하여 말입니다. 우습게 들리겠지만, 사랑이 꼭 사람들 사이에만 있는 것은 아니거든요.

바다, 그녀는 수다스러워요. 바람이 불면 바람이 좋아 몸을 흔들고, 비가 오면 빗방울이 예쁘다며 손을 내밀어요. 하늘에 구름이 흐르면 따라가고 싶다고, 별이 뜨면 별이 떠서, 달이 뜨면 달이 좋아 온종일 재잘거립니다. 저는 그런 그녀가 마음에 들지 않았답니다.

별들이 투명하게 반짝이는 어느 가을밤, 그녀가 말을 걸었어요. "무슨 생각을 하니?" 대답하지 않았어요. 무슨 생각을 하던 그녀가 상관할 바가 아닌 거지요. 건방지고 주제넘다고 속으로 혀를 찼지요. 다음 날 그녀가 또 물었어요. "온종일 무엇을 보고 있니?" 저는 들은 척도 하지 않았습니다.

그녀는 늘 저만 바라봐요. 썰물에는 발치에서 오물거리다가, 밀물에는 가슴까지 올라와선 얼굴을 들이밀곤 하지요. 저는 모르는 척 외면합니다.

여름이 되면 종종 저를 떠날 요량으로 작별인사를 합니다.

"그래 알았어. 이제 나는 육지로 가서 길이 될 거야."

그리고는 큰 소리로 울며 힘센 바람의 손을 움켜잡고, 저를 넘어 내달립니다. 대단한 기세지요. 까마득히 몸을 곧추세워서는 휙, 휙 자기 몸을 육지로 내던지기도 합니다. 거만한 저에게 실망해서 정말 길이 되고 싶었는지 모릅니다.

그러나 얼마 지나지 않아 흙투성이가 되어 되돌아오곤 해요. 아마도 저를 두고 갈 수는 없었나 봅니다. 그럴 때 풀이 죽어 가만히 엎드려 있는 것을 보면 가여워서 등이라도 두드려주고 싶지만 꾹 참습니다. 이제껏 버텨온 게 어딘데 인제 와서 다정하면 바위 체면이 구겨질 것 같아서요.

어느 송년회서 바다와 섬을 사랑하는 이생진 시인이 "사랑은 짝사랑이 오래간다."고 하셨대요. 맞는 말 아닌가요? 어쩌면 그녀가 오래 저를 짝사랑해주길 은근히 바라고 있었는지도 모릅니다. 그 시인도 작은 섬들을 짝사랑해서 여든이 훌쩍 넘은 지금도 매년 섬을 찾아 떠나십니다. 요즘은 이어도를 가고 싶어 하시더군요. 거기 가서 그 섬에서 펄럭이는 태극기를 만져보고 싶다 하셔요. 다녀오면 「그리운 바다 성산포」 같은 좋은 시를 또 쓰시겠지요.

암튼 선사시대부터 지금까지 우리는 늘 이렇게 살아왔습니다. 그녀는 쉬지 않고 구애하고 저는 모르는 척 시치밀 떼면서 말이지요.

그런데… 그런데 언제부터인가 제 몸의 일부를 해식동굴(海蝕

洞窟)**이라고 부르는 사람들이 생겼어요. 이상해서 살펴보니 이게 웬일인가요? 그녀가 어느새 제 가슴 안에까지 들어와 있는 거예요. 그러니까 제가 동그랗거나 십자형의 동굴이 되어 그녀를 품고 있었습니다.

사람들은 말했어요. 바다가 쉼 없이 두드리고 밀어붙여서 바위를 깎아 먹고 있다고요. 하지만 솔직히 말하면 저 스스로 몸의 일부를 조금씩 내어주면서 제 안에 그녀가 머물 곳을 마련한 것입니다. 영악한 이성이 도도한 자존심을 세우는 동안 순수한 몸은 그녀를 사랑으로 품어 안은 것이지요.

이렇게 우리는 해식동굴이라는 이름으로 하나가 되어갑니다. 저는 이처럼 몸을 내어주다가 언젠가는 바다라는 이름의 그녀가 되고 말겠지요. 그리고 더 먼 훗날에는 그녀와 제가 힘을 합해서 퇴적암이라는 저를 닮은 새로운 바위를 만들어낼 것입니다.

요즘 와서 느낀 일이지만 그녀는 참으로 아름답습니다. 아침 햇살에 구슬처럼 반짝이는 모습도 곱고, 별빛 아래서 나직하게 시를 읊는 목소리에는 마른 가슴도 녹아내릴 것 같아요. 그뿐인가요. 물고기들과 어울려 차르르, 차르르 춤을 출 때는 얼마나 경쾌하고 우아한지 눈을 뗄 수가 없습니다. 환상적이지요.

그녀는 마음이 너그럽고 착해서 거절을 못 합니다. 무엇이든 부드럽고 깊게 또 포근하게 품어 안아줄 뿐입니다. 전에는 왜 그 고운 심성을 몰랐을까요?

오늘은 저녁 썰물에 온몸을 발그레 물들이며 살금살금 발치 끝으로 밀려 나가는 그녀에게 "가지 마, 내 곁에 있어." 하고 외쳤습니다. 그녀는 웃었어요. "나 거기 있잖아. 네 안에…." 나도 따라 웃었지요.

그러고 보면 사랑은 노 시인의 말처럼 짝사랑이 긴 것도 아니고, 조건 따지고 자존심을 내세우며 주거나 받는 것은 더욱 아닌 모양입니다. 사랑은 그냥 함께하는 거예요. 밉든 곱든 멀리 있어도 가까이 있어도, 그에게 내가 필요할 때 거침없이 다가가 손을 잡아 주는 것이 아닐까요? 그녀가 저에게 해왔던 것처럼 오래도록 변함없이 말입니다.

바람이 부네요. 그녀가 춤추기 시작합니다. 나를 보며 환하게 웃으면서. (2013)

*채석강: 변산반도 서쪽 끝 격포항(格浦港) 우측, 닭이봉[鷄峰] 일대의 1.5㎞의 층암절벽과 바다를 총칭하는 지명. 전라북도 천연기념물 제28호.

**해식동굴: 파도, 조류 또는 연안수의 침식작용을 받아 해안에 생긴 동굴.

깔레의 시민

로댕갤러리 플라토에 들렀다. 이곳엔 로댕의 대표작 '깔레의 시민'과 '지옥문'을 상설전시하고 있다. 원래 야외 설치를 목적으로 한 작품이어서 전시실도 야외 느낌을 살리도록 벽이 유리로 되어 빛이 밝고 외부와 연결된 듯하다.

나는 종종 이 작품들을 보러오지만, 미술품에 대한 전문적인 지식이나 안목이 없어서, 그날의 기분에 따라 어느 날은 지옥문이 더 마음에 들고, 또 다른 날은 깔레의 시민이 나를 압도하는데, 오늘은 깔레의 시민이 더 마음을 잡아끈다.

1884년, 깔레시는 14세기에 이 시를 구하기 위해 목숨도 아끼지 않았던 여섯 영웅을 기리기 위해 로댕에게 조각상을 의뢰했다. 그러나 로댕이 완성한 것은 그들이 원하는 늠름하고 영웅적인 조각상이 아닌, 죄수로서의 비참함이 드러나는 것이어서 의뢰자는 수령을 거부했다. 그래도 로댕은 작가적 소신을 꺾지 않았고 10년의 긴 작업 끝에 1895년에야 작품을 완성했다고 한다. 이 작품은 깔레 시청광장을 비롯하여 세계 열두 곳에 전시되어 있는데, 플라토에 있는 것은 열두 번째 작품이란다.

깔레는 프랑스의 작은 항구도시다. 인구 12만 정도인 깔레시는 프랑스와 영국 간의 백년전쟁 때, 기근과 열악한 조건 속에서도 영국군의 공격을 11개월 동안 막아냈다. 그러나 마침내 깔레시는 고립되고, 지원군도 오지 않아 1347년 어쩔 수 없이 항복하였다.

이 작은 도시 하나를 정복하는데 11개월이나 걸린 영국 왕 에드워드 3세는 분이 풀리지 않아 깔레시를 쑥밭으로 만들고 모든 시민을 몰살시키려 했다. 시민들은 광장으로 몰려가 목숨만은 살려달라고 애원하였다.

영국 왕은 누군가는 책임을 져야 한다며, 교수형을 당할 여섯 명을 시민 스스로 골라 다음날 아침까지 홑옷만 걸치고, 맨발, 맨머리에 목에 밧줄을 건 채, 성문 열쇠를 들고 왕 앞으로 걸어오라고 요구했다. 답답한 일이었다. 어떻게 죽어야할 사람을 뽑아야 할지, 사람들은 혼란에 빠지고 밤은 깊어갔다.

그때 시에서 가장 부자며 존경받는 유스타슈 드 생 피에르가 자리에서 일어섰다. "내가 그 여섯 사람 중 한 사람이 되겠소. 우리 용기를 냅시다." 그러자 시장 장 데르가 일어섰고, 사업가 피에르 드 위쌍과 동생 쟈크가 나섰다. 장 드 피엥스와 앙드레 당드리에도 목숨을 내놓겠다고 했다. 이들 여섯 명은 깔레시에서 가장 풍요로운 삶을 누리던 귀족 중의 귀족이었다. 날이 밝자 그들은 침통한 모습으로 밧줄을 목에 걸고, 맨발로 성문 앞에 모였다.

로댕은 여섯 명의 대표가 깔레시의 성문을 막 떠나는 순간을 포착하여 작품을 만들었다. 죽음을 향해 걸어가는 절박하고 고통스러운 순간을 표현한 것이다.

다행하게도 교수형을 집행하려는 순간, 이들에게 크게 감동한 왕비가 남편에게 자비를 베풀 것을 애원하였다. 당시 왕비는 임신 중이었기 때문에 왕은 왕비의 소원을 받아들여 처형을 취소했고, 깔레시는 구제되었다. 이후 이날 죽음을 자청한 그들의 정신은 노블레스 오블리주의 전형으로 불리고 있다.

작품을 빙 돌아본다. 영웅들의 기념 조각이면서도 높은 좌대도 아닌 얇은 바닥에 서 있는 여섯 사람을 하나하나 본다. 생 피에르 노인은 고개를 약간 숙이고 목에는 교수형을 상징하는 밧줄을 걸었으나, 피로한 얼굴에 결의를 담고 있다. 시장 장 데르는 영국 왕에게 건넬 시의 성문 열쇠를 들고 담담한 듯 긴장한 모습이다. 피에르 드 위쌍은 강인한 표정으로 오른손을 올려 손가락을 편 자세로 뒤에 따라오는 동생 자크에게 용기를 주는 것 같다.

여섯 중 가장 젊고 아름다운 모습의 쟈크는 두 팔을 내려 손바닥은 앞쪽을 향해 펴고 슬프고 망연한 얼굴로 형의 말을 들으며 걷는다. 장 드 피엥스는 절망보다는 체념에 가까운 표정이고, 앙드레 당드리에는 두 손으로 머리를 감싸고 두려움에 떨고 있다. 그 두려움이 옆에 있는 나에게까지 전달된다. 그러나 누구도 후회스러운 표정을 지은 이는 없다. 뒤쪽에서 보면 이들은 비통함 속에서도 함께 같은 방향을 향해 걸어가고 있다. 누군가가 말했듯이 비극적인 장중함의 극치라고나 할까.

노블레스 오블리주(noblesse oblige). 얼마 전부터 참으로 자주 듣는 말이다. 사전을 검색해보니, 높은 신분에 따르는 정신적, 도덕적 의무를 말하며, 부와 권력, 명성은 책임과 함께해야 한다는 의미란다.

그런데 요즘 우리 사회에서는 스스로 그것을 행하는 분도 많지만, 타인에게 은근히 강요하는 경향이 적지 않다. 내가 가진 것을 나누거나 좋은 일에 앞장서는 것은 스스로 해야 하는 일이지 강제로 요구해선 안 될 일이다. 또 좋은 신분은 처음부터 타고나기도 하지만, 남보다 열심히 일하고 노력하였기에 얻은 것이 대부분이다. 그런데도 마치 자신의 것을 그가 빼앗아 가기나 한 것처럼 내놓으라고 닦달하는 모습을 보면 한심스러운 생각이 든다.

누구는 항상 받아야 하고, 누구는 매번 주기만 해야 하는 것도 아니다. 어느 경우에나 두 사람 이상이 모이면 서로 생활의 편차는 있는 법이니, 누구에게나 나눔의 기회는 있는 것이다. 자신은 힘든 옆 사람을 모른 척하면서 남에게만 베풀기를 강요하는 권리는 도대체 누가 준 것일까? 내가 하기 싫은 일은 남에게도 결코 쉬운 일이 아닐 터인데….

깔레의 시민 정신이 아름다운 것은 군중이 여섯 사람을 억지로 골라낸 것이 아니고, 그들 스스로 희생을 선택했다는 점에 있다. 만약 시민들이 그들을 뽑아내었다면 영국 왕의 사면은 없었을 것이고, 불후의 명작이라는 로댕의 '깔레의 시민'도 없었을 것이다.

갤러리를 나서며 생각한다. 노블레스 오블리주보다 더 중요한 것은 서로를 아끼고 이해하는 성숙한 시민의식이라고.

(2012)

구피의 신

우리 집은 대가족이다. 우리 내외 말고도 구피라는 작은 물고기 백열두 마리가 산다. 그들과 한집에 살게 된 것은 3년 전 여름, 방학을 맞은 작은손녀 지윤이가 큰놈 한 쌍과 새끼 여덟 마리를 작은 플라스틱 그릇에 담아 온 때부터였다. 집을 비우는 동안 열대어가 상할까 해서 데려온 것이다. 우리가 신기해하니 새끼 세 마리를 나누어 주며 잘 길러보라고 했다.

"먹이는 하루에 한 번 주고 물은 일주일에 한 번 갈아주셔요."

두 달쯤 지난 어느 날 물을 찰랑찰랑하게 갈아주고 외출했다가 돌아오니 한 마리가 보이지 않았다. 고양이 기르는 집에서는 건져먹기도 한다는데 우리 집은 고양이도 없는데 무슨 일 때문인지 알 수 없었다. 지인들과 그런 이야기를 하니 어느 분이 세 마리를 더 주셨다.

다섯 마리 구피는 서로 잘 어울려 지냈다. 그런 며칠 후 암수 두 마리가 또 사라졌다. 찾아보니 있던 자리에서 한참 떨어진 거실 구석과 베란다에서 죽은 채 발견되었다. 모험심 많은 놈들이 동반 탈출을 시도했다가 원하지 않은 방향으로 튄 모양이다. 그러고 보니 전에 사라진 놈도 튀어나간 것 같은데 내가 그걸 모르고 물을 가득 넣어준 것이 실수였다.

주홍 바탕에 검은 점이 박힌 부채꼴 모양의 꼬리를 가진 수놈의 움직임은 날렵했다. 하얀 몸피에 붉은 꼬리를 가진 것과, 푸르스름한 몸에 미색 바탕에 갈색 점무늬 꼬리인 암컷 두 마리가 수컷과 어울리는 모습도 보기 좋았다.

몇 달 후 아침에 일어나니 보일 듯 말 듯한 새끼 여덟 마리가 돌아다니는 게 보였다. 푸른 놈이 해산한 것이다. 신기했다. 손녀에게 배운 대로 건져서 다른 그릇에 담아 키웠다. 그 한 달 후에는 하얀 놈이 새끼 낳는 것을 보게 되었는데 2~5분 간격으로 스물다섯 마리를 낳았다.

처음엔 안 쓰는 화채 그릇에 키우던 것이 가족이 많아져서 할 수 없이 작은 수족관과 새끼를 위한 어항 하나를 샀다. 몸피가 작아 귀여운 것들이 어항 안에서 움직이는 모습이 참으로 부드러웠다. 성어라도 길이가 5㎝가 채 안 되고 막 낳은 새끼는 쉼표처럼 작다. 그들은 조용하며 서로 다투는 법도 없이 사이좋게 사는 것 같았다.

구피의 수명은 2년 이상이라고만 알려졌는데 출산과 임신을 자주 하는 암컷의 경우 수명이 짧고, 오래 살아도 3년을 넘기기는 어렵단다. 수컷도 지나치게 암컷을 따라다니면 수명이 단축되지만 암컷보다는 조금 나은 편이란다. 살기 좋은 환경을 만들어 주고 먹이를 잘 주면 원래의 수명을 넘겨서 살기도 한단다.

한 번의 교배로 보통 세 번의 출산이 가능하며, 해산이 임박한 암컷은 배가 심하게 부르고 배 밑 항문 가까이에 검은색이 둥글게 몰려 보인다. 그것이 치어의 눈이란다. 그때쯤이면 나는 어미를 산실인 맑은 통에 넣어 수족관에 띄워 놓는다.

통 위쪽의 어미가 새끼를 낳으면 새끼들은 중간 경계의 작은 구멍을 통하여 아래로 내려간다. 나는 어미가 해산을 마치면 수족관에 옮겨주고 새끼는 부화통서 키우거나 어항에 옮겨 키웠다.

어느 날 구피의 해산을 보다가 끔찍한 장면을 보게 되었다. 내가 해산을 지켜보고 있는데 아래에 있던 여러 마리 중 멋모르는 새끼 두 마리가 경계를 뚫고 어미 쪽으로 올라갔다. 얼마나 사랑스러울까? 그런데 어미는 기다렸다는 듯이 조금 전 낳은 제 새끼를 순식간에 잡아먹은 것이다. 그러고 보니 전에 어항에서도 새끼가 없어진 경우가 있었다. 또 새끼를 한 달쯤 따로 키운 후에 합쳐준 적도 있는데 그때도 흔적 없이 사라져 이상하게 여겼더니, 그때도 잡아먹힌 모양이었다.

물고기 중에는 아비가 자식이 자랄 때까지 돌보다가 세상을 뜨는 가시고기나 뚝지가 있다. 열대어 중에도 시클리드과의 열대어는 자식을 잘 돌보는 습성이 있다는데 구피는 전혀 그렇지 않다. 인터넷에는 구피 어미가 새끼를 잡아먹는 동영상이 올라왔기에 보니, 열 마리 정도를 몇 초 안에 잡아먹는데 어찌 살벌한지 소름이 돋을 정도였다.

하지만 그동안 키운 정도 있어서 차마 집에서 내보낼 수는 없어, 친족 살해를 차단하는 방법으로 새끼를 낳으면 바로 분리한다. 석 달쯤 지나 꼬리가 제법 나온 후에야 같은 수족관에 넣어주니 어울려 잘 자란다. 그동안 구피 가족은 점점 많아져 친지나 문우에게 자주 나누어 주지만 계속 늘어나서 이제는 산아제한을 해야 할 지경이다.

구피들은 아침이 되어 가까이 가면 먹이를 줄 것으로 알고 내 쪽으로 몰려들며 반긴다. 그러나 수족관 청소를 해줄 때는 내 의도를 모르므로 달아나려고만 한다. 나를 아는 듯도 모르는 듯도 하다. 짐작건대 형태는 대충 보이는 듯한데, 내가 자신들에 대하여는 절대자의 위치에 있다는 사실은 모르는 것 같다.

내 마음이 변해서 먹이를 주지 않거나 수족관 청소를 해주지 않으면 오염된 환경에서 몰살을 당할 수도 있다는 걸 전혀 모르는 눈치다. 그저 저희 생각의 한계 안에서 판단하여 기회만 되면 자유를 찾아 달아나려고 한다. 그러나 어떻게 생각하든 나는 그들의 절대자요. 저들을 살릴 수도 죽일 수도 있는 신적 존재이다. 그걸 몰라주니 안타깝다.

나 또한 구피들처럼 나의 신인 하느님의 존재를 제대로 알지 못한다. 그러기에 나를 위해 마련해둔 아름다운 길에서도 기회만 되면 옆길로 튀어 나간다. 그것이 어리석은 짓인 줄 모르는 탓이다. 내게 내미는 절대자의 손을 피하며 나는 지금 어디서 무엇을 찾고 있는 것인가? 하늘의 그분도 나를 보면 안타까우실 것인데….

(2014)

논개, 그리고 수필

그의 삶 전반은 몰라도 마지막 행적은 정확한 사람이 있다. 논개도 그런 사람 중 하나다. 백과사전에서 논개를 검색하면 '?~1593(선조 26). 임진왜란 때의 의기(義妓). 전북 장수 출신으로 성은 주씨(朱氏). 1593년 진주 싸움에서 전사한 경상우병사 최경회(崔慶會) 혹은 충청병사 황진(黃進)의 각별한 사랑을 받았다는 등 여러 주장이 있으나 확실하지 않다.'고 기록되어 있다.

구전으로는 논개의 출생 시기가 1574년 갑술년, 갑술월, 갑술일, 갑술시라하며, 네 개의 갑술이 들어가는데, 술자가 개 술(戌)자라 '놓(낳)은 개'라 하여 '논개'라 불렀다지만 진위는 알 수 없다. 그러나 그녀가 왜장을 껴안고 남강에 투신한 의기라는 것은 모르는 사람이 없다.

지난 초여름 우연한 자리서 논개를 수필과 연관하여 이야기한 적이 있다. 평소 그런 생각을 해본 적도 없었는데 어떻게 그런 말을 하게 됐는지 지금 생각해도 희한하다. 암튼 그날 우연한 언급이 오늘 이런 글을 쓰게 한다. 해서 나름대로 논개와 수필을 비교해보려 한다.

논개는 원래 양반가 출신으로 어린 나이에 아버지가 죽자 천하 건달인 숙부가 토호인 김풍헌에게 민며느리로 팔고 행방을 감추었다. 이것을 안 논개 모녀가 외가로 피신, 우여곡절 끝에 최경회의 소실로 들어갔다고 전한다. 아리송하다.

수필은 소설처럼 방대하거나 시처럼 함축성은 없으나 긴 이야기도 담을 수 있고 짧은 일화로 엮을 수도 있다. 해서 소설은 여러 분야에 많은 경험을 한 잡놈이, 시는 상상력과 비유를 충분히 구사할 능력이 있는 거짓말쟁이가, 수필은 담담한 선비가 잘 쓴다는 우스갯소리가 있다. 맞기도 틀리기도 하는 말이다.

논개는 일본군이 진주성을 짓밟고 수많은 양민을 학살하는 등의 만행을 저지른 것에 의분하여 그 한을 풀 생각을 하였다. 수필가는 어떤 사건이나 사물을 보고 감동하여 수필을 쓰고 싶은 느낌을 받는다.

논개는 왜장들이 촉석루에서 벌인 주연에 기녀로서 참석하여 왜장을 죽일 계획을 세웠다. 수필가는 주제에 알맞은 합당한 소재를 선택하고 깊이 관찰하여 글의 큰 틀을 구상한다. 그녀는 열 손가락에 반지를 끼고 주연에 참석하여, 왜장에게 술을 권하여 취기를 돋우며 호감을 얻는다. 수필가도 소재를 통한 문단 하나하나를 반지를 끼듯 치밀하게 짜고, 그녀의 아름다운 자태처럼 곱고 다감한 문장으로 섬세하게 다듬는다.

논개는 술에 만취한 가토 기요마사의 부장 게야무라 후미스케(毛谷村文助)를 촉석루 아래 바위로 유인하여 그를 끌어안고 남강에 뛰어들어 함께 죽었다. 수필도 전개된 여러 문단이 하나의 주제로 묶어지도록 마지막 문단에서 수필 전체를 아우르는 의미를 담는다.(이 경우는 꼭 마지막 문단이 아니어도 상관없다)

논개는 애초의 계획대로 목숨을 바쳐 적장을 죽였으며, 그녀가 죽은 지 147년이 지난 영조 16년(1740), 조선 사람들은 촉석루 옆에 의기사(義妓祠)라는 사당을 짓고 추모비를 세웠다. 또 그녀가 투신한 바위를 의암(義巖)이라 부르게 되었다. 수필 초고가 완성되면 글을 시작할 때 임시로 붙였던 제목을 검토하여 글과 잘 맞는 신선한 제목을 붙인다.

여기서 중요한 것은 아무리 주제와 소재가 좋아도 문장이나 문단이 시원치 않으면 성공적인 작품이 될 수 없다. 논개가 적장과 함께 죽을 수 있었던 것은 그녀의 치밀한 준비와 거침없는 행동이 따랐기 때문이다. 그녀가 주제에 해당하는 곧은 의지를 갖췄어도, 문장에 속하는 어여쁜 단장을 하지 않았다면 왜장에게 좋은 인상을 주지 않았을 것이다. 또 그녀가 힘센 왜장을 이길 수는 없으므로 열 손가락에 반지를 끼고 깍지를 껴서 왜장을 끌어안지 않았다면, 물속에서 손이 풀어져 자신만 죽고 왜장은 살아나올 수도 있었을 것이다. 이것이 곧 문단의 결속이 보여주는 힘이라 생각된다.

1973년 일본인 건축설계사 우에쓰카 하쿠유라는 사람이 진주를 찾아왔다. 이유인 즉 '신의 칼'이란 별명을 가졌고 임진전쟁 때 승승장구한 전설의 사무라이가, 명성에 걸맞지 않은 죽임을 당했다고 여긴 것이다. 자신은 논개를 존경하는 일본인으로서 한·일간 역사적 화해와 교류증진을 위해, 영혼들의 원풀이를 해주고 싶다며, 논개와 게야무라의 넋을 건져 일본으로 모셔가는 의식을 치렀다. 남강에 국화를 뿌리고 천 마리의 종이학을 띄웠다.

그 뒤 그는 진주에서 가져간 나무, 흙, 모래 등으로 게야무라의 사당 옆에 논개의 무덤을 꾸미고, 그들을 영혼결혼시켜 보수원에 게야무라 부인과 처제의 영정 옆, 첩의 위치에 논개의 영정을 세워놓았다. 이래서 일본인 중에는 논개는 일본 장군을 사랑하여 첩이 된 조선 여인이고, 부부금실을 좋게 하는 섹스의 신으로 생각하는 이도 있단다. 후에 우리 시민단체들이 나서서 회수했지만.

수필도 그렇다. 작가의 의도는 따로 있는데 독자는 전혀 다르게 읽는 경우가 있다. 물론 건전한 다의적 해석이 된다면 성공한 작품이겠지만 왜곡된 해석을 하게 될 빌미를 주어서는 안 된다. 더러 결말을 독자에게 주어 자유로운 감상을 유도하는 경우는 있지만, 작가가 진솔하게 쓴 글을 일부 독자가 다르게 읽는 일은 없어야 할 것 같다. 논개가 게아무라의 첩으로 둔갑하듯이.

해서 논개수필은 논개가 조선을 침략한 일본 장군을 껴안고 남강에 몸을 던진 부분에서 끝내는 것이 마땅하다. 그녀가 계획하고 행동하였듯이 침착하게 골격을 세워 수필을 완성했으면 싶다. 그리하면 그녀처럼 의기는 못되어도 최소한 함량 미달의 수필이 되지는 않을 것이다.

논개처럼 수필을 쓰자. 지혜롭고 아름다우며 침착했던 스무살 논개처럼.

(2014)

금강산에서 반야를 만나다

반야(般若)를 생각하며 차를 마신다.

화암사 경내 전통찻집 란야원(蘭若院)엔 작은 도자기와 공예품이 가득하다. 메뉴도 둥그런 전통 부채에 열거되어 있다. 대추차, 작설차, 한방쌍화차를 비롯한 전통차와 생과일주스도 있다. 우리는 송화밀수를 시켜 운치 있는 나무 탁자서 노릇노릇 구워진 절편을 곁들여 마시는 중이다.

송화밀수는 꿀과 송홧가루로 만든 차로 솔향기와 꿀의 달콤한 맛이 어울려 처음이지만 친근하게 혀에 감긴다. 도톰한 절편은 담백하고 졸깃하다. 송화차의 달고 따뜻한 맛과 절편의 순수 담백한 맛이 꼭 옆에 있는 두 친구의 성품 같다.

은은한 찬불가 속에 피어오르는 여인 반야. 원래 반야라는 말은 산크리트어로 불법의 진실함을 파악하거나 진리를 인식하는 지혜를 말한다. 이런 이름의 그녀는 신돈의 비첩(또는 여종)이었으며, 공민왕의 여인으로 알려져 있다. 그 모습이 공민왕이 지극히 사랑했으나 일찍 세상을 떠난 왕비 노국공주와 많이 닮았다는 것은 그녀의 행운일 수도 불운일 수도 있었다.

왕이 죽은 왕비와 착각하여 그녀를 가까이하다가 훗날 우왕이 된 모니노를 낳았다는 것이 대체적인 정설이다. 그러나 「고려사」에는 모니노는 공민왕의 자식이 아닌 신돈의 자식이라고 기록되어 아직도 진위를 단정 짓지 못한다. 「고려사」는 조선조 세종 때 쓰인 것이니 이성계의 정변을 정당화할 목적으로 그리 썼을 가능성도 배제할 수는 없으므로.

우왕이 왕좌에 오른 후, 반야는 태후 궁에 찾아가 자신이 어미인데 왜 다른 이를 어머니로 삼느냐며 울며 호소했단다. 그것이 이인임의 미움을 받게 되어, 물에 던져 죽였다고 하니 참으로 가엾은 여인이다. 세상을 잘 만났으면 왕의 모후로 영화도 누릴 수도 있었으련만.

금강산 화암사(金剛山禾巖寺).

일주문에 붙은 현판에 잠깐 놀랐다. 여기가 금강산이란다. 북한까지 가지 않고 남한에서 볼 수 있는 금강산. 강원도 고성군

토성면 신평리, 화암사는 바로 금강산 신선봉 아래에 자리한다.

신선봉은 금강산 일만이천 봉우리 가운데 제1봉이고 화암사는 팔만구 암자의 첫 번째 사찰이라 한다. 신라 혜공왕 5년(769) 진표율사(眞表律師)가 비구니 도량으로 창건했다. 지금까지 다섯 차례나 화재를 당했다는 작고 고즈넉하며 다정한 느낌의 사찰이다.

대웅전과 석탑을 돌아보고 사찰 이름의 유래가 된 둥그렇게 잘 생긴 수바위를 올려다본다. 대웅전 남쪽 산에 봉우리 전체를 차지하는 듯한, 달걀 모양의 바위는 하얗게 빛나는 몸체로 우람한 자태를 뽐내고 있다. 바위 위에 왕관 모양의 바위가 얹혀있어 마치 바위가 왕관을 쓴 듯 멋스럽다.

시간이 없어 올라가 보지는 못했지만 왕관 모양의 바위 윗면에는 깊이 1m, 둘레 5m의 웅덩이가 있고, 이 웅덩이에는 항상 물이 고여 있단다. 가뭄을 당하면 이 물을 떠서 주위에 뿌리고 기우제를 올리면 비가 내렸다고 한다. 모습이 빼어나서 秀바위, 바위 위에 늘 물이 고여 있어서 水바위, 또 쌀이 나오는 바위라고 禾바위로 불리기도 한다.

이곳엔 욕심을 경계하는 전설이 있다. 지금은 택시도 드나들지만, 예전에는 민가와는 멀리 떨어져 신도들이 쉽게 드나들지도 못했던 곳이다. 그러니 시주를 구하기도 어려워서 스님들이 불법에만 전념하기가 힘들었다고 한다.

하루는 두 스님의 꿈에 백발노인이 나타나 말하기를, 수바위에 조그만 구멍이 있으니 그곳을 찾아 지팡이를 넣고 세 번 흔들라고 말하였다. 잠에서 깬 스님들은 아침 일찍 수바위로 달려가 노인이 시킨 대로 했더니 두 사람분의 쌀이 쏟아져 나왔다. 그 후 두 스님은 식량 걱정 없이 편안히 불도에 열중하며 지낼 수 있게 되었다.

그러던 어느 해 이곳에 들른 객승이 그 소리를 듣고, 세 번 흔들면 두 사람분의 쌀이 나오니, 여섯 번 흔들면 네 사람분의 쌀이 나올 것으로 생각하여 여섯 번을 흔들자 쌀 대신 피가 흘러나온 후로 쌀이 나오지 않는다고 한다.

적당한 것에 만족하지 못하고 더 많은 것을 바라는 인간의 마음은 그때나 지금이나 마찬가지인가 보다. 나 또한 다르지 않아서 스스로에게 불만도 많지만 오늘만이라도 내가 가진 것에 만족하기로 한다.

란야원 창문으로 보이는 수바위가 한 폭의 정결한 산수화다. 그 산수화 한쪽에 찰랑거리는 흰옷을 걸친 반야가 두 손을 모으고 서 있다. 금강산 수바위에서 공민왕의 여인이 슬픈 기원을 드리고 있는 것이다. 마음이 아릿하다. 나는 이제 그녀를 신돈으로부터 분리하여 공민왕 곁에 세우기로 한다.

역사는 산 자의 기록이며 이긴 자가 주인공이다. 비천한 신분으로 숨겨졌던 여인에게 무슨 힘이 있어 진실을 증명할 수 있었을까? 실내에는 나옹선사의 시에 변규태 님이 곡을 붙인 찬불가가 다시 흐르고 있다.

청산은 나를 보고 말없이 살라하고
창공은 나를 보고 티 없이 살라하네
탐욕도 벗어놓고 성냄도 벗어놓고
물같이 바람같이 살다가 가라하네. (2014)

쇼핑, 그리고 VIP

지인을 따라 VIP룸에 들어선다. 여기선 최고급 차와 음료가 공짜며 다과도 제공한다고 그녀가 속삭인다. 그러니까 백화점에서 쇼핑을 마치고 차를 마시는데, 제 돈을 쓰지 않아도 된다는 얘기다. 물건도 다른 고객보다는 많이 할인된 가격으로 샀다. 조용하고 아늑한 분위기가 좋다. 부드러운 음악도 흐른다. 나는 VIP회원은 아니지만, 함께 간 사람이 회원이므로 나도 같은 대접을 받는다. 기분이 나쁘지 않다.

여러 분야에 VIP로 불리는 사람들이 있지만, 백화점VIP는 주로 쇼핑을 많이 하는 사람들이다. 인격과 지식, 지위의 높낮이와는 별 상관없다. 오직 쇼핑 금액이 일반 고객의 수십 배에 달하는 고객이 주를 이룬다. 이른바 파레토법칙에서 말하는 상위

20% 이상의 고객들인 셈이다. 파레토법칙(Pareto 法則)이란 '2:8법칙'으로도 불리며 전체 결과의 80%가 전체 원인의 20%에서 일어나는 현상을 가리킨다.

백화점을 예로 들자면 매출 상위 20%의 고객이 백화점 전체 매출의 80%에 해당하는 만큼 쇼핑하는 현상이다. 그래서 백화점에선 그 20%의 고객을 위해 많은 편의를 제공한다. 물품 거래에서의 할인은 물론 주차장도 달리하고, 문화센터도 일반 고객의 50%가격으로 등록한다. 경기가 불황일수록 그에 의존하는 비율은 더 높아서 그들에 대한 특별서비스에 열을 올리고 있다. 이렇게 VIP회원에 대한 서비스가 다양화 고급화됨에 따라 그 자격을 유지하려고 일부러 소비를 늘리는 고객도 있단다.

쇼핑에도 종류가 많다. 명품이 아니면 사지 않는 명품쇼핑. 병원에 다니는 것을 좋아해서 틈만 나면 병원을 찾는 의료쇼핑. 옷이나 소지품은 물론이고, 집을 바꾸는 것을 좋아해 이사를 수시로 가는 사람이 있는가하면 가구를 계절마다 바꾸는 사람도 있다. 또 어떤 이는 홈쇼핑을 즐겨서 외출도 않고 종일 방안에 앉아 이 채널 저 채널을 돌려가며 물건을 사들이기도 한다. 필요한 물건을 사기도 하지만 그냥 사는 행동 자체가 좋아서 집안 가득 쌓아놓고 카드빚 갚느라 생활비가 없어 절절매기도 한다. 이른바 쇼핑중독이다.

연예계 대표 패셔니스타로 알려진 S는 쇼핑중독 때문에 파산 위기까지 겪었던 사실을 말해 충격을 주기도 했다. 자신도 모르게 쇼핑중독에 빠진 사람들이 뜻밖에 많단다. 어떤 주부는 아기 돌잔치를 고급스럽게 한 이후 아이들이나 자신의 소지품은 명품만 사는 습관이 생겨 카드 대출을 계속 받아서 파산하게 생겼다고 상담을 했다. 또 어느 가장은 확실한 직장을 가진 아내가 쇼핑중독에 빠져 40평 아파트 전체가 아내의 옷으로 넘쳐나고, 부부가 받는 월급도 모자라 아이들의 저금통까지 몰래 털어서 옷을 산다고 호소한다. 그래서 잔소리를 하면 돈 안 쓰는 여자 데려다 살라고 한다니 그건 해도 너무한다는 생각이 든다.

얼마 전에는 천만 원이 훌쩍 넘는 프랑스 에르메스의 버킨 핸드백을 사려고, 미리 선금을 지불하고 대기 중인 한국인 구매자가 천 명 이상이라고 인터넷에 소개되었다. 백화점을 통하면 일 년 이상을 기다리므로 수백만 원의 웃돈을 주고 해외 수입상에게 샀다는 사람도 있다. 액수가 중요한 게 아니라 남이 없는 백을 먼저 갖고 싶어서란다. 이른바 명품쇼핑이다. 천만 원도 안 되는 돈으로 일 년을 살아가는 사람들이 수두룩한 이 어려운 시기에….

지난해 8월 6일부터 일주일간 영국에서는 쇼핑폭동이 일어났었다. 처음에는 경찰이 빈민지역에서 흑인 용의자를 사살한 것에 반발한 그곳 청년들로부터 시작된 폭동이었다. 그것이 확대되면서 시위대는 폭도로 변해 상점을 약탈했다. 그 와중에 1200여 명이 체포되었다는데, 그중에는 부유층 자녀는 물론 좋은 직업을 가진 사람들도 약탈자가 되어있었단다.

폭도들은 모든 상점을 약탈하여 취향대로 물건을 가져갔다. 폭동의 발단이 된 복지확대에 대한 요구와는 상관없이 쇼핑센터만 찾아다녔다. 화면으로 보는 약탈 장면은 마치 전쟁을 방불케 했다. 무서웠다. 그런데 웃기는 것은 그 많은 상점이 털렸지만 유일하게 털리지 않은 곳이 서점이었다고 한다. 마음이 씁쓸했다.

우리는 누구나 쇼핑을 한다. 주로 생활에 필요한 물건을 고르기 위해서 하고, 더러는 스트레스 해소나 잠재적인 욕구불만을 해소하기 위해서도 한다. 그래도 대부분의 사람은 사고자 하는 물품을 적당한 가격에 사기 위해 여러 가게를 돌아다니며 윈도쇼핑을 거친 후 신중하게 물건을 산다. 물건이 싸고 좋으면 홈쇼핑을 하기도 한다. 가족과 자신의 좀 더 나은 생활을 위한 이런 알뜰한 쇼핑은 언제나 있어왔고 참 아름답다.

VIP룸의 생과일주스가 상큼하다. 곁들여 나온 화과자 맛도 일품이다. 나도 이런 특별한 고객이 되고 싶다는 생각이 슬그머니 든다. 하지만, 이런 것은 돈만 있으면 누구나 누릴 수 있는 일이다. 그러나 상대에 대한 따듯한 관심과 배려는 돈으로 살 수 없다. 정신을 풍요롭게 하는 지적 성취도 그렇다. 더구나 가슴에서 가슴으로 이어지는 사랑과 우정이야 더 말할 것도 없다.

칠백만 원짜리 밍크코트를 한 겨울 입고 단돈 오십만 원에 되팔고, 다시 새것을 샀다는 자랑을 들으며 생각한다. 주변에 베푼 따뜻한 관심과 배려, 사랑을 평가하여 VIP예우를 하는 세상은 어디 없을까하고. 그때쯤이면 다른 나라에서 쇼핑폭동이 일어났는데, 서점도 예외가 아니었다는 그럴듯한 뉴스가 들려올 듯도 하건만.

(2012)

강릉심해두부

두부를 산다. 나는 주부가 된 후로 주방에 떨어지지 않게 준비하는 것이 몇 가지 있다. 기본양념과 장류, 생선 두세 종류 그리고 두부다. 두부는 웬만한 국이나 찌개에 거의 들어가고, 급할 때는 조리거나 부치기만 해도 찬의 역할을 충분히 한다. 부드럽고 영양도 풍부하고 어디서나 사기도 쉽다.

'강릉심해두부, 상표등록번호 제40-0679131호'

'해양심층수를 천연응고제로 사용하였습니다.'라는 문구와 더불어 340g 두부 한 모의 포장지 전면이 빽빽하다. 상표, 회사로고, 심층수로고, 용도, 생산자, 유통기한, 보관방법, 영양성분(함량), 보험가입 여부 등등 자세하기도 하다.

몇 년을 두고 이 두부를 먹으면서도 꼼꼼히 상표를 읽어보기는 오늘이 처음이다. 아무것도 따지지 않고 강릉이라는 지명에 끌려 무조건 먹어온 탓이다.

대전에서도 두부가 나오는데 왜 하필 먼 데서 나오는 두부를 먹느냐고 묻는 사람이 있다. 그러면 나는 대답한다. '좋은 친구가 생각나서'라고.

강릉은 나이 들어 글밭에 들어와 만난 친구의 고향이다. 그녀는 그곳에서 자랐지만 성장해서는 고향을 떠나 살았다. 부부가 퇴직한 후에, 양양에서도 한참을 더 들어가는 오대산 끝자락 예쁜 집에서 간단한 밭농사를 짓고 수필을 쓰면서 산다. 나도 문우들과 몇 번 그곳에 들러 행복한 시간을 보냈다.

내가 강릉이라는 지명을 처음 기억한 것은 '강릉의 경포대'가 관동팔경에 속함을 알았을 때부터다. 그곳을 찾은 것은 20대 초반, 여름휴가로 설악산에 가면서 경포대와 해수욕장에 들렀다. 하얗고 고슬고슬한 모래밭과 반듯하게 탁 트인 넓고 푸른 바다가 나를 압도했지만, 낮에 본 경포호수는 실망스러웠다. 여러 개의 달이 뜬다는 경포대의 밤 절경을 보지 못한 채, 가정과 직장생활에 쫓기며 강릉은 내게서 잊혀 갔다.

그렇게 몇십 년이 지난 후, 창작수필 세미나에서 강릉이 고향인 그녀를 만났다. 그녀는 강릉 홍보대사 같았다. 동해가 얼마나 푸른지, 경포대 달이 얼마나 고운지 솔숲과 안목해변은 또 얼마나 아름다운지 이야기했다. 사임당과 율곡의 오죽헌, 허난설헌과 허균의 생가 그리고 선교장을 보러오라며 고향 자랑에 얼굴이 상기되었다.

난설헌의 생가가 있는 초당마을에는 두부가 유명하고, 강릉 토속음식인 감자옹심이는 한번 먹어보면 그 맛을 잊지 못한다는 말도 곁들였다. 자신이 사는 어성전에도 꼭 놀러 오라며, 처음 만난 나를 초대했다. 그녀는 고향은 물론 자기 주변의 모든 것을 사랑하는 듯했다.

인터넷에는 십여 년 전부터 '네 종류의 친구'라는 좋은 글이 자주 올라온다. 친구에는 꽃과 같은, 저울 같은, 산과 같은 그리고 땅 같은 친구가 있단다. 꽃이 피었을 땐 좋아하다 시들면 멀어지고, 저울로 달아봐서 유익한 쪽만 선택하는 친구가 있으니, 산이나 땅 같이 변함없고 은혜로운 친구가 좋다고 한다. 꼭 맞는 말이다. 나도 산이나 땅 같은 친구가 좋다.

덧붙여 나는 나와 같은 곳을 바라보는, 사랑이 많은 친구를 더 좋아한다. 재력 있는 친구로부터 물질적 도움을 받거나, 지혜로운 친구 덕에 좋은 길을 가기도 했다. 항상 기억해야 할 좋은 친구들이다.

그런데도 사랑이 많은 친구는 나를 편안하게 하고 내가 비틀거릴 때 어깨를 빌려준다. 섣부르게 충고하기보다 조용히 눈물을 닦아준다. 해서 나의 친구들은 많지 않지만 정겹고 따듯하다. 나도 그들에게 그런 친구가 되어주고 싶다.

희생이라는 좋은 단어가 있다. 그 희생도 자기 자신을 사랑하는 사람이어야 남을 위해 할 수 있다. 자신도 사랑하지 못하는 사람은 남을 위해 희생할 여력이 없다. 외적인 빈부나 시간의 문제가 아닌 마음의 여유가 없어서다.

모든 것은 나로부터 시작된다. 내가 행복해야 남에게 행복을 전할 수 있다. 그래서 불평하며 하는 커다란 봉사보다, 기쁜 마음으로 하는 조그만 봉사가 더 값진 것이다. 친구도 그렇다. 자신에게 불만이 많은 친구는 남에게도 불만이 많다. 자기 자신의 단점을 스스로 이해하고 고쳐나가는 친구가 주변 사람의 잘못도 이해하며 그들을 사랑한다.

해서 나는 오늘도 강릉심해두부를 먹는다. 그녀처럼 어떤 재료와도 잘 어울리고 부드럽게 융화되면서도 존재감 있는 두부를 먹는다.

동해 바닷속 그 깊고 깊은 곳의 청결하고 흔들림 없는 심층수 같은 우정을 간직하려 강릉심해두부를 먹는다. 사랑하는 친구를 생각하며.

(2015)

밤에 쓴 선글라스

목요일 아침이다. 서두른다고 했지만, 막상 나갈 시간이 되면 이것저것 해야 할 일이 눈에 띈다. 담가놓은 매실을 설탕이 잘 녹으라고 한 번 더 돌려놓고, 지난밤에 담근 열무김치도 괜찮은지 들여다본다. 현관의 신발도 가지런히 정리한다. 소파 위의 책들이 헝클어진 것도 눈에 거슬린다.

겨우 현관을 나서서 승강기를 타고 시계를 보려니 손전화가 없다. 다시 들어가 전화기를 넣고 나오니, 넉넉했던 시간이 빠듯해졌다. 준비했으면 그냥 나서면 될 것을, 급할 것도 없는 일을 하며 왜 시간을 축냈는지 모를 일이다. 성당에 도착하니 다행히 시작시각 3분 전. 자리에 앉아 교재를 찾으니 없다. 없어도 좋을 손전화를 넣으면서 그만 성경공부 가방을 놓고 온 것이다.

집으로 전화하니 마침 남편이 받는다. 사정 얘기를 듣더니 정신을 어디에다 두고 다니느냐고 핀잔을 하면서 가져다줄 테니 기다리란다. 고맙다. 전화를 끊고 기다리려니 지루했지만, 그래도 갖다 준다는 그 말은 횡재나 다름이 없으니 짜증을 낼 수는 없다. 10분이 넘어 설 즈음, 검은 바지에 흑백 얼룩무늬 티셔츠를 입은 몸 가벼운 남편이 커브 길에 나타난다. 나도 반가워서 마주보며 달려갔다. 그런데 무언가 좀 이상하다. 가방을 가져다주러 왔으면 들고 있어야 하는데, 그냥 빈손이다.

"더운데 고마워요. 그런데 가방은?"

"어! 가방? 내가 여기 왜 왔지…."

"그럼 무슨 다른 일이라도?"

"이런…. 나는 자기가 현관에서 기다리는지, 정문에 있을까만 생각하며 급하게 달렸네."

6월 뜨거운 햇살 아래서 우리는 어이가 없어 배를 잡고 웃었다. 속상할 것도 같은데, 이건 아무리 생각해도 웃기는 일이지 속상할 일은 아니다. 작은 손전화 챙기느라 들고 있던 큰 가방을 놓고 오는 여자나, 그것 가져다준다며 빈손으로 달려오는 남자. 끼리끼리 참 천생연분이다. 옆 사람 책으로 강의를 듣는 동안에도 가뿐하게 달려오던 남편의 모습이 생각나서 배어나는 웃음을 참기가 어려웠다.

기억력이 깜빡깜빡하는 것이 어제오늘의 일도 아닌데, 이런 일이 생길 때마다 처음인 듯 허망하다. 말로는 나이 들면 병도 껴안고 살아야 하는 거라면서 정작 닥치면 번번이 실망하고 서글퍼지는 건 웬일인지.

최근 들어 우리는 외출할 때 한 번에 나가지 못한다. 무엇이든 한 가지는 꼭 빠뜨리고 나가므로 아파트를 나서기 전에 되돌아오는 경우가 빈번하다. 엊그제는 남편이 여러 사람 앞에서 이야기해야 한다며, 며칠간 준비한 원고를 놓고 외출해서 가져다준 적이 있다. 그런데 그는 주머니에 있는 돋보기를 쓰지 않아서 글자가 안 보여 엉망으로 얘기했다며 아쉬워했다.

오래 사는 것이 축복이던 시절도 있었다. 하지만, 요즘은 자신을 통제할 수 없을 정도로 오래 사는 것은 흉이지 절대 복은 아니다. 특히 꼭 기억해야 할 추억과 가족마저 잊게 하는 치매는 노인들의 기피대상 1호다. 그러나 어찌하겠는가. 우리가 이미 그쪽으로 한발 한발 다가가고 있으니.

집에서 남편을 대하니 또 웃음이 났다. 날씨도 무더운데 자기 일 제쳐놓고 내 부탁을 들어주느라고 정신없이 달렸을 그가 찡하게 고맙다. 정신을 놓고 다녀서 미안하다고 했더니, 그는 자기가 더 정신없는 사람이란다. 빈손으로 갈 거면 갈 필요가 없었다면서.

가만히 생각하니 이렇게 정신없는 사람끼리 사는 것도 나쁘지는 않은 것 같다. 만약 한 사람은 총명하고 다른 사람은 기억력이 없는 부부라면 어떠했을까? 둘 중 하나는 매일 지청구를 들으며 미안해야 하고, 나머지 하나는 챙겨주고 뒤처리하느라 스트레스로 초주검이 될지 모른다. 그래도 둘이 비슷하여 서로 이해하고 부축하며 살아가니 그나마 다행이 아닐까.

그러다 둘 다 정신을 놓을 경우도 있겠지만, 훗날의 일은 그때 걱정해도 늦지 않다. 지금은 많이 생각하고 움직여서 사라지려는 뇌세포를 잘 붙잡아 어려운 시기가 천천히 오도록 노력해야한다. 그리고 경험을 앞세우거나 분에 넘치는 자리는 사양해서, 우리가 속한 그룹에 피해가 없도록 있는 듯 없는 듯 겸손하게 살아야한다.

저녁에는 부부 모임이 있었다.

또 실수하지 않으려고 꼼꼼히 챙겨 그보다 한발 앞서 현관을 나섰다. 가방, 손전화, 볼펜, 메모지, 행사 순서지, 신용카드, 전해줄 시집까지 다 있다. 모처럼 되돌아 갈 일은 없을 것 같았다.

그런데 웬걸, 앞에서 걸어오는 사람이 흔들려 보인다. 이런 세상에… 안약을 넣으며 안경을 벗어놓고 그냥 나선 것이다. 다시 올라가기가 번거로워 뒤따라 내려올 남편에게 또 전화로 부탁했다. 그렇게 안경을 받아서 쓰고 모임 장소에 무사히 도착했다. 그도 나도 아침엔 실수가 잦았지만 저녁엔 그런대로 괜찮은가 보았다. 화기애애한 분위기 속에 식사하는 중에 K선생 부인이 넌지시 물었다.

"낮에 좋은데 다녀오셨어요? 선글라스가 참 예쁘네요."

(2016)

빛과 그림자

일정한 시기에 꼭 생각나는 사람들이 있다. 삼일절에는 유관순이, 개천절에는 환웅과 단군 그리고 웅녀가 생각난다. 광복절에는 일본이 생각난다.

기독교를 믿는 사람들은 사순 시기(四旬時期)마다 예수님의 수난을 생각한다. 묵상하고 아파하며 믿음을 새롭게 다진다. 그에 덧붙여 삼 년을 제자로 지냈으면서도 스승이 십자가에 못 박힌 처절한 순간에, 두려워 달아나 버린 열 명의 제자와 십자가 아래 남았던 사도 요한을 기억한다. 그리고 유다를 생각한다.

유다. 배반의 대명사로 기억되는 그 이름. 어렸을 적엔 그가 밉고 싫었다. 그런데 나이 들면서 점점 그가 가엾어졌다. 덧붙여 예수님께서 유다에게 하신 일이 늘 찜찜했다. 작년 사순 무렵만 해도 유다의 배반은 '자신의 자유의지로 선택한 일'이니 어쩔 수 없다고 여겼다. 그런데 어느 성경 모임에서 수녀님의 인도로 묵상을 배우던 중에, 갑자기 유다가 끼어들었다.

유다와는 관계없는 '씨 뿌리는 사람의 비유'에 대한 묵상 중이었다. 내가 뿌린 씨앗은 돌밭에 떨어져 말라 죽었을 형편이었다. 그런데 운이 좋게도 바람이 돌 틈새의 흙 속으로 밀어 넣어 싹을 틔우고 큰 나무로 자랐다. 거기 사과와 복숭아를 합쳐놓은 것 같은 물이 많은 열매가 달렸다. 하도 먹음직하여 한 개를 따서 십자가 위에서 목말라하시는 예수님께 드렸다. 하지만, 성자께서는 고개를 저으시며 말씀하셨다.

"얘야, 나는 괜찮다. 그 열매는 유다에게 주어라. 그가 더 목마를 테니." 이게 웬일인가? 묵상도 할 줄 모르는 내가 이런 장면을 보다니. 아마 환상인가 보았다. 이 일로 전에는 쉽게 잊혔던 생각 하나가 또 고개를 들었다. '유다는 혹시 예수님의 분신이 아니었을까?' 하는.

최후의 만찬에서도 그랬다. 예수님께서 제자 중 하나가 당신을 팔아넘길 것을 예고하자 제자들이 놀라 물었을 때,

'내가 빵을 적셔서 주는 자가 그 사람이다. 유다가 그 빵을 받자 사탄이 그에게 들어갔다.(요한 13, 26)'

'네가 하려는 일을 어서 하여라.(요한 13, 27)'

이상하지 않은가? 보통사람도 제자가 나쁜 짓을 하려고 하면 어떻게 해서든 말릴 것인데, 예수님께서는 말리지 않으시고 자꾸 배반을 재촉하셨다. 어서 네 일을 하라며.

생각해보면 하느님께선 무슨 일을 하실 때 꼭 이면을 준비하셨다. 빛을 지으실 때 어둠도 만드시고, 선악과를 만드시며 따먹을 사람을 예비하셨다. 생물이 태어날 때 죽음도 준비하셨다. 그런 하느님께서 예수님께 구원사업을 맡기실 때 그 일을 성사시킬 유다는 없으면 안 될 인물이 아니었을까?

유다의 역할이 없었다면 하느님이 계획하신 일이 수포가 되는 건 뻔한 일이다. 누군가 배반을 해서 성자께서 잡혀 돌아가시지 않았으면, 어찌 부활이 있었겠는가? 삼 년 동안 제자로 따라다니며 돈주머니를 관리한 이도 유다였다. 물론 그가 돈을 관리하면서 빼돌렸다는 대목도 나오지만, 성경은 예수님 사후에 쓴 것이니 배반자를 좋게 기록할 수는 없었을 것이다.

어느 회사나 경리담당자는 사장의 분신 같은 사람이 한다. 해서 회사의 비밀을 가장 많이 알고, 결정적인 때에 그를 파멸로 몰아가는 사람도 경리책임자다.

이런 정황으로 나는 민망하게도 예수님과 유다는 동전의 앞뒷면 같은 관계가 아니었을까 하는 황당한 생각을 해본다. 하느님께서 두 분을 함께 지으시어 구원사업을 맡기신 것은 아닐까 하는. 한 분은 영광을 또 한 분은 어둠을 책임질 사명을 주어서 말이다.

많은 분이 유다에 대해 표현하기를, 유다가 그렇게 큰 죄를 짓고도 회개하지 않고 자결을 했으니 죄인이라고 한다. 그런데 유다는 제 목숨을 버릴 정도로 뉘우쳤다. 그는 예수님이 사형선고를 받자 은돈 서른 닢을 수석 사제들과 원로들께 돌려주며 말했다. "죄 없는 분을 팔아넘겨 죽게 하였으니 나는 죄를 지었소."(마태 27, 4) 그는 은돈을 성전 안에다 내던지고 물러가서 목을 매달아 죽었다.(마태 27, 5)

내가 가슴 아프게 여기는 것은 유다가 죽지 않고 살아남아, 복음을 전파했으면 얼마나 좋았을까 하는 점이다. 그가 죽을 정도로 깊게 뉘우쳤으면 하느님의 용서를 구했어야 한다. 그랬으면 원수도 사랑하라 하신 하느님은 분명히 용서하시고 다른 중요한 일을 맡기시지 않았을까.

그런데 그는 죄지은 자신을 용서하지 못했다. 하느님의 자비를 믿지 않고 스스로 목숨을 끊었다. 정성 들여 지어주신 생명을 제 것으로 알고 제 마음대로 단죄한 것이다.

그에 비하면 오늘날 교회의 반석이 된 제자 베드로는 달랐다. 성격이 단순하여 주님의 말씀을 믿지 못한 적도 있고 멋대로 판단했고, 여러 번 배반했다. 심지어 하룻저녁에 세 번을 배반하기도 했다.

예수님이 잡히시던 밤, 대사제의 집에서 사람들이 세 번째로 그에게 예수님과 함께 있었다고 하자,

'이 사람아, 나는 자네가 무슨 말을 하는지 모르겠네. 하고 시치미를 떼었다. 순간 닭이 울었다. 그때 주님께서 몸을 돌려 베드로를 바라보셨다. 베드로는 밖으로 나가 슬피 울었다.(루카 22, 60-61)'

사순절에는 예수님의 수난이 가장 아픈 대목이지만, 우리는 베드로의 배반 장면에서도 눈물을 흘리게 된다. 믿었던 제자의 나약한 모습에 몸을 돌려 아픈 눈으로 바라보시는 예수님, 그 자리에서 물러나 슬피 우는 베드로. 단순하여 흥분도 잘하고, 행동에 거침없는 베드로의 마음을 주님도 아시고, 우리도 안다. 그는 크고 작은 실수와 배반에도 늘 되돌아와 용서를 받고 더 단단한 제자로 거듭났다.

예수님과 유다는 앞으로도 사순 시기마다 성경에서 되살아나 우리에게 올 것이다. 한 분은 빛으로 다른 이는 그림자로.

그런데 오늘 부활 둘째 주간을 지나며, 내가 지금 유다를 동정할만한 여유로운 위치에 있기는 한 것인가? 혹여 예수님은 베드로가 배반하던 그때처럼 슬픈 눈으로 나를 바라보고 계시지는 않으실까? 아마 그럴 것이다. 나는 그분의 가르침대로 잘 살아온 것도 아니고, 앞으로의 행동을 자신하기도 어려우니까.

그러나 어떤 경우라도 그분께 다시 돌아오겠다는 다짐을 한다. 유다처럼 자신을 포기하지 않고, 베드로처럼 잘못을 고백하며 용서를 구하러 오고 싶다. 그림자가 아닌 빛 속에 머물기 위해.

(2016)

더미(Dummy)라는 이름의 스턴트맨

두 대의 승용차가 양쪽에서 달려와 정면충돌했다.

양쪽 차량 모두 앞부분이 종잇장처럼 구겨졌다. 그러나 운전석과 조수석에 안전벨트를 하고 앉은 더미들은 무사했다. 지난 8월, 어느 자동차회사가 내수용과 수출용 차량 간의 안전성에 차이가 없음을 입증하는 충돌실험을 한 동영상이다.

더미, 그들은 차량충돌실험용 마네킹이다. 쉽게 말하면 스턴트맨이다. 사람들과 흡사한 체격과 신체구조로 되어 있다. 친환경소재의 꼭 맞는 상의와 반바지를 입고 신발을 꼭 신는다.

처음 그의 모습을 TV에서 보았을 때 참 끔찍했다. 살색 옷을 입고 머리가 대머리인 더미는, 승용차 운전석에 앉아 안전벨트 없이 전면 벽을 향하여 내달려 충돌했다. 그는 깨진 유리창으로 튕겨나와 벽에 부딪쳐 머리가 부서지고 팔이 저만큼 떨어져 나갔다. 마치 사람이 사고로 다치는 듯하여 눈을 꼭 감았었다.

그 모습을 보고 더미에 대하여 검색해 보았더니 여러 종류의 더미를 만날 수 있었다. 아들딸과 부모가 함께한 일가족 더미도 있고, 핫팬티를 입은 멋쟁이도 있다. 고령자나 신생아, 어린이, 임산부더미도 있는데 태아와 양수까지 만들어져있다고 한다. 외형상 사람과 다른 점은 머리카락이 없다는 것 정도다.

자동차회사에서는 새로운 차량이나 기술을 개발할 때는 안전을 위하여 꼭 충돌실험을 거친다고 한다. 그러기 위해서는 마네킹도 사람과 비슷해야하므로 몸 전체를 구성하는 뼈들은 금속성 구조물로 만든다. 피부와 근육은 사람과 비슷하게 베이지색 기포고무로, 머리는 단단한 알루미늄 재질 위에 고무를 덮는다. 관절도 만든다. 무게도 사람의 연령대별 체중과 같아서, 여럿이 내복이나 반바지를 입고 앉아있는 모습은 영락없는 사람이었다.

그뿐인가. 몸에는 보통 30에서 최대 100여 개의 다양한 센서가 장착되는데, 더미가 다친 정도에 따라 안전도를 측정하고 분석하기 위해서다. 이렇게 중요한 일을 담당한 그들은 값도 상당히 비싸서 보통 1억이 넘고, 어떤 것은 10억을 훌쩍 넘기는 것도 있다고 한다. 다행인 것은 그들은 부상을 당해도 수리하여 재사용이 가능하다.

이런 마네킹이 생기기 전 1930년대는 돼지나 사람의 시신을 태우고 충돌실험을 한 적도 있다고 한다. 그러나 그것은 인권이나 동물학대 문제를 야기하는데다 일회용으로 그치므로 계속하지 못했다.

인구 증가와 문명의 발달에 따라 자동차도 늘어나고 사고도 빈번해지자 1949년 '시에라 샘'이라는 최초의 마네킹이 만들어졌다. 이후 계속 발전시켜 1971년부터 제너럴 모터스가 더미의 모태인 하이브리드 시리즈를 만들게 되었다고 한다.

나는 수없이 자동차를 타며 살지만 더미에 대해 생각해 본 적이 없었다. 그런데 공개된 충돌실험 영상 속에서 충격에 흔들리며 운전석에 꿋꿋이 앉아 있는 더미들을 보면서 고마운 생각이 들었다. 사람은 아니지만 사람 같은 더미들의 희생으로 우리는 안전한 차를 탄다. 생명이 없는 것들이 인간의 생명을 지키기 위해 의연하게 버티어준 덕이다.

가만히 생각해보면 사람을 대신해 자동차충돌시험에 뛰어드는 더미는 성실하고 용감하다. 그는 저를 만들어준 인간을 위해 열 번이고 백 번이고, 쉽거나 어렵거나 어떤 실험도 거부하지 않는다. 자신은 인간에 의해 태어났으므로 그의 뜻을 존중하며 따르는 것이다.

그런데 나는 나를 낳고 길러준 부모를 어떻게 대하고 있는가.

생명이 없는 더미들도 제 주인을 위해 최선을 다한다. 나는 내 부모를 위해 무엇을 어떻게 하였으며, 내게 도움을 준 친지들에게 감사는 제대로 하며 살아왔는가. 자꾸만 뒤돌아보게 된다.

더구나 태초에 우리를 지어내고 여타의 모든 만물을 다스리게 하신 창조주를 위해서는 어떤 감사와 희생을 하고 있는가? 그는 나에게 이렇게 말씀하셨는데.

"네 이웃을 네 몸 같이 사랑하여라." (2015)

그때 그 사람들

빽빽한 버스 안, 앞자리에 앉은 두 젊은이가 재산 상속에 대하여 말하고 있다. 한 젊은이가 말했다. 자기는 지금은 좀 어렵지만, 훗날 아버지의 재산을 상속받을 것이란다. 더구나 아내가 무남독녀라 처가 재산도 자기에게 넘어올 것이라며 은근히 자랑했다. 다른 사람은 자기는 아무데서도 받을 재산이 없다며 부러운 듯 말끝을 흐린다. 그 이야기를 듣다보니 20여 년 전 C시에서 상담업무를 보던 때가 생각났다.

1996년 8월 상속세 입법예고에 관한 기사가 실리자 문의가 빗발쳤다. 10억까지는 세금이 없다는데 정말이냐? 아니냐? 재산이 100억이면 어떠냐? 자식이 둘이면, 넷이면, 또 없으면 어떠냐? 얼마나 이익이냐?

못산다. 못산다. 하면서도 돈 많은 사람이 많기는 많은 모양이었다. 나는 맞벌이 부부였고 알뜰하게 살아왔어도, 재산이랄 것이 없어서 상속세법이 어떻게 바뀌건 개인적인 관심은 전혀 없었다. 그런데 보통 남자 혼자 직업을 가진 경우의 사람들이 상속세 걱정을 하는 걸 보면 좀 이상한 생각이 들었다.

아무튼, 기사가 난 다음 날 오후에 외모가 반듯하게 잘생긴 삼십 대 후반의 신사가 상담을 받으러 왔다. 희고 기다란 손가락이나 태도 등으로 보아 평균 이상의 학력이나 직업을 가지고 있을 듯해 보였는데, 그 사람의 첫마디에 단번에 기가 질렸다.

"저어, 이 서류 보시고, 이분이 올해 돌아가시는 것 하고, 내년에 돌아가시는 것 하고 상속세가 얼마나 차이 나는지 계산 좀 해주세요."

나는 기가 막혀서 아무 말도 못 하다가,

"이분하고는 어떻게 되는 사이세요?"

"예, 아버님입니다."

"예에? 그게…."

"계산해봐 주실 수 있지요?"

내가 공무원이 아니었다면 상대할 가치조차 없는 사람이었지만 화를 낼 수는 없었다.

"미안합니다. 이건 제가 계산을 할 수가 없네요. 우선 엊그제 신문에 난 내용은 입법 예고된 사항일 뿐이에요. 더구나 상속세는 상속이 개시되는 시점, 즉 어른께서 돌아가신 때를 기준으로 계산하는 세금입니다. 어른이 돌아가시는 시점을 아드님 마음대로 올해로 했다 내년으로 했다 할 수는 없는 거지요. 안 그래요?"

조용히 말을 하면서 속에서 불이 났다. 나는 왜 이 모양인가? 한탄하면서.

요즘 젊은 사람은 버릇이 없어서 못쓰겠다는 말은 로마 시대에도 있었고, 그 이전에도 있어서 세대 간 사고방식의 차이를 반영하고 있다지만 이건 너무 심한 것 같았다.

그 무렵 청원군 오창면에 첨단과학단지가 들어서게 되면서, 전답이 수용된 많은 분이 상담을 받으러 왔다. 그날은 머리가 희끗희끗한 아저씨 한 분이 상담실을 찾으셨다.

"오창서 왔는데요. 이것 좀 봐주세요."

서류를 내놓더니 고개를 푹 숙이고 계셨다. 계산이 끝나고 내용을 보여 드리면서,

"8년 자경농지가 대부분이고 수용으로 감면도 받으셔서 세금이 별로 없네요."

해도 아무 말씀이 없으셨다.

"선생님, 다 끝났어요." 몇 번 더 재촉하자, 고개를 드는 그분

의 눈자위가 벌겋게 충혈되어 있었다. 그 모습에 잘못도 없이 민망하고 당황스러웠다.

"그냥 억장이 무너져서요. 이 땅을 제가 장만했으면 이렇게 마음 아프지 않겠어요. 이건 우리 선대께서 많은 고생 끝에 어렵게 장만한 땅이거든요. 저는 젊어서 공직에 투신해 정신없이 살다 보니 고향에 땅 한 평 보태지도 못했는데, 내 대에 와서 이걸 없애게 되다니."

굵은 눈물방울이 주르르 흘러 떨어진다. 나는 옆에 있는 휴지를 집어 드리며

"많이 섭섭하시겠군요. 하지만 선생님께서 무슨 잘못을 해서 팔게 된 것이 아니고 좋은 일에 쓰이는 것이니까, 비슷한 곳에 대토하시고 수용된 땅에 대한 추억은 가슴에 담아두세요."

"제 고향은 들도 아름답고 물도 좋은 곳이에요. 저는 고향에는 자주 못 왔지만 오창을 잊은 적이 없어요."

앞으로는 달라질 고향 이야기를 눈물을 지으며 한참을 하셨다. 고맙다는 인사를 하고 떠나는 그분의 뒷모습을 보며, 참으로 복된 분이라는 생각이 들어 마음이 훈훈했다. 자기 고향을 그토록 사랑하는 마음을 가졌다는 것은 지나온 삶도 아름답게 살았다는 이야기일 터이므로.

같은 날 두 건의 상속재산 상담으로 한 번은 속상했고, 한 번은 훈훈했던 기억이 입석으로 흔들리는 시내버스 안에 작은 그리움으로 안겨든다. 그때 그 사람들은 지금 어디서 무엇을 하고 있을까 일도 없이 궁금하다.

덧붙여 부모에게서 아무런 재산도 물려받지 못할 나의 두 아들에게 미안한 생각이 든다. 그러나 어찌하겠는가. 윗대로부터 물려받은 재산이 없고, 따로 돈 잘 버는 재주도 없어 근근이 저희를 키우고 가르쳐 혼인시킨 것을.

다만 상속재산은 못 주더라도 빚은 물려주지 않도록 절약하고, 아이들이 부끄러워할 부모가 되지 않게 여생을 반듯이 살아야겠다. 그들이 지금처럼 착하고 건전한 삶을 살도록 기도하면서.

(2016)

3.

유자 향기에 젖다

고흐: 밀밭 속의 농가

유자향기에 젖다

성 야고보 축일이다. 가장 어려운 시기에 우리 성당 주임신부로 계시며, 진한 유자향기를 남기고 떠나신 K야고보 신부님의 은경축일*이기도 하다. 많은 신자가 '진산성지'를 찾아 경축연에 참석했지만, 나는 가지 못했다.

지금도 대사동성당에서는 유자향기가 난다.

제대 위 십자고상에서도 나고, 뜰 한쪽에 고즈넉이 서 있는 성모상에서도 난다. 오다가다 스치는 신자들의 마음자락에서도 향기가 난다. 이 유자향기는 야고보 신부님이 남겨주신 것이다.

신부님이 부임해 오셔서, 비가 새고 누전이 잦은 낡은 성당

---

*은경축 : 천주교 신부님이 사제서품을 받은 지 25주년을 축하하는 일

을 멋지고 유용한 건물로 재건축했다. 그런데 막상 일을 시작하자, 그에 따른 연관 공사가 자꾸 늘어나면서 예산의 몇 배가 되는 지출이 생겼다. 예상치 않은 큰 빚을 떠안게 된 것이다. 그래서 시작한 것이 친환경 수제 유자청 만들기였다.

의견을 처음 내신 분은 신부님이셨다. 신자들은 반신반의했다. 유자청을 만드는 일도 그렇지만, 그 유자를 어떻게 누구에게 판매할지도 걱정이었다. 더구나 그 당시 우리 성당은 사제와 신자 간의 보이지 않는 간격으로 외부에서 볼 때 우려스러운 모습을 보여주고 있었다.

그러나 신부님의 추진력은 대단했다. 전국의 유자밭을 돌아다니며 최상품의 유자를 찾아내고, 신자들에게 협조를 당부했다. 무슨 일이든 지도자가 발 벗고 나서면 따르는 이들이 생기기 마련이다. 처음에는 긴가민가하던 신자들이 첫해에 작은 성과를 내자 둘째 해부터는 스스로 참여하게 되었다. 지하 다목적실의 보수가 끝났으므로 그곳에 번듯한 유자작업장도 만들었다.

바닥 전체에 두꺼운 비닐을 깔고, 탁자를 두 개씩 맞대어 세 쌍의 넓고 긴 작업대를 만들었다. 작업모, 비닐장갑, 포크, 도마, 칼, 쟁반 등등 필요한 물품도 준비했다. 성당 차고 옆에는 커다란 고무통, 호수, 플라스틱 과일상자, 운반 장비도 갖추었다.

트럭이 도착하여 뜰에 유자를 산더미 같이 부려놓으면, 첫

라인의 형제들이 세척을 시작한다. 다섯 번의 세척작업이 끝나면 과일상자에 차곡차곡 담아 지하 일층 유자작업장으로 운반한다.

둘째 라인인 지하작업장엔 몇 개의 팀이 있다. 꼭지를 도려내고 상처 입은 거뭇한 부분을 잘라내는 팀, 그것을 받아 유자를 가로로 반을 자르는 팀, 포크로 씨를 빼는 팀과 유자를 채 썰거나 설탕에 버무리는 팀이다.

이중 씨를 빼는 팀은 인원이 가장 많이 필요한데, 언뜻 보면 쉬워보여도 살 속 깊숙이 박힌 씨를 남김없이 빼는 일은 쉽지 않다. 유자 한 개에 서른 개가 훌쩍 넘는 통통한 씨가 들어있어 포크를 깊숙이 찔러 속속들이 빼지 않으면, 다음 팀에서 채를 썰 때 손을 다치기 때문이다. 또 잘못하여 흘린 씨는 어찌 미끈거리는지 밟으면 넘어지기 쉬우므로 조심해야 한다.

채를 써는 일도 유자청의 맛과 맵시를 내는 일이라 퍽 중요하다. 자매들은 집에서 손에 익은 도마와 칼을 가져와서 사용하는 분들이 많았다. 채가 예쁘게 썰어지면 정확하게 무게를 달아서 설탕에 버무려 순서대로 커다란 스테인리스 통에 담는다. 번호를 적는 것은 물론 윗면에 정확한 날짜와 시간을 기록해 둔다. 그리고 고른 숙성을 위하여 두세 시간마다 저어야 한다.

통에 든 유자를 젓는 일과 한 팀에서 다음 팀으로 유자쟁반을 옮기는 일은 힘이 많이 들어서, 보좌신부님과 신학생을 비롯한 젊은 형제들이 주로 하셨다. 그중에는 이 일을 위해 근력운동을 하는 분까지 계셨다.

유자가 숙성되는 기간에는 그것을 담을 병을 닦고, 성당로고를 붙이고, 2통씩 또는 6통씩 들어갈 상자도 접어둔다.

유자청을 담는 셋째 라인도 만만치 않다. 숙성된 유자를 고루 섞는 사람, 깔때기를 대고 병에 담는 사람, 병에서 덜어내거나 더 넣어서 양을 조절하는 사람, 윗부분과 병 표면에 묻은 즙을 닦아내거나 뚜껑을 단단히 덮는 사람, 두 개씩 또는 6개씩 포장하는 사람, 보관 장소로 옮기는 사람….

이렇게 만들어진 완성품은 판매 라인을 통해 대전은 물론 서울을 비롯한 다른 지역으로 팔려나갔다. 차에 가득 유자를 싣고 외지 성당으로 팔러 가시는 신부님과 신자들을 보면, 가슴에 작은 이슬이 맺혔다. '누구를 위해서…' 서울에서 밤 미사 후에 물건을 팔고 새벽에 대전에 도착하는 일이 허다했다.

'율 브리너'를 닮은 신부님은 강론도 아주 잘하셔서 가는 곳마다 인기가 높았다. 100% 수제에 사랑을 버무린 품질도 소문이 나서 둘째 해부터는 선주문을 받기도 했다. 이렇게 3차 연도에 빚을 청산한 후 마지막 해에는, 우리 자신과 이웃을 위해 유자청을 만들었다. 성당 신축이나 보수공사로 어려움을 겪는 여러 성당에 건축헌금을 지원하고 가까이 있는 불우이웃도 도왔다.

그해 가을 우리는 기차를 통째로 빌려서 제천의 배론성지를 순례하고, 이듬해 봄에는 제주도 이시돌목장으로 피정*도 다녀왔다. 모든 신자가 참여한 행사였다. 그동안 빚을 갚는 물질적인 일로 혹여 가벼워질 수도 있었던 내면의 믿음을 다독인 것이다.

네 살 아기에서 구십 노인까지 한마음이 되었던 노란 유자작업장. 아침부터 밤늦도록 일하면서도 웃음을 잃지 않았던 환한 얼굴들. 생에 몇 번 있을까 말까한 아름다운 경험이었다.

뜻이 있는 곳에 길이 있었고, 함께하는 손길에 은총이 가득했다. 더불어 일하는 기쁨과 그것을 나누는 방법을 배운 청량한 날들이었다. 새콤달콤한 유자향기에 촉촉이 젖어있는.

---

*피정(避靜): 생활의 모든 업무를 잠시 피하여 성당이나 수도원 등 조용한 곳에서, 자신의 쇄신을 위해 성찰하고, 기도와 묵상을 하면서 지내는 것.

맑고 고운 빛

사람들은 살아가면서 대체로 세 단계를 거친다고 한다. 첫 단계는 남의 덕으로 내가 존재하는 기간이고, 둘째 단계는 내가 나를 위해 존재하는 기간이며, 셋째 단계는 내가 남을 위해 존재하는 기간이란다. 그중에서 세 번째 단계를 일찌감치 당겨서 사시는 분들이 더러 있다. 대체로 성직자나 수도자들이 그에 속한다고 나는 생각한다.

젊은 신부의 음성에 울음이 실렸다. 며칠 전에 사제 서품을 받고 목요일에 첫 미사를 집전한 후 주일 교중미사에 강론을 하면서다. 사흘 후에 부임지로 떠나기 때문에 출신 성당에서의 고별미사인 셈이다. 아기 때 유아영세를 받고 자라며 늘 다니던

이 성당. 유치부, 주일학교, 중고등부를 거쳐 신학생이 되어서도 방학이면 이곳에 머물던 그였다. 졸업 후 부제를 거쳐, 사제 서품을 받기까지 긴 기간을 함께 지켜본 신자들과 작별을 하려니 지나온 일들이 주마등처럼 지나갔을 것이다.

엄마의 치마꼬리를 벗어나 처음으로 유치부 친구들과 앞자리에 앉아 있던 다섯 살 때, 당시 주임신부는 또렷하고 영리해 뵈는 아이가 귀여워 머리를 쓰다듬으며 웃는 얼굴로 말씀하셨단다.

"미카엘, 너 자라서 신부될래?" 아이는 주저 없이 큰소리로 "네." 하고 대답하였고, 신부님은 그런 아이가 사랑스러워 사탕 한 개를 입에 쏘옥 넣어주셨다. 그 달콤한 사랑의 맛. 그것이 곧 하느님의 부르심과 응답이던 줄을 당시에는 아무도 몰랐다.

길러주신 부모님은 물론 자신을 위해 늘 기도해준 낯익은 신자들과 헤어져 새로운 길로 떠나며 어찌 감격스럽지 않겠는가. 그동안의 고마움은 물론, 앞으로 자신이 가야할 길이 결코 쉽지 않음을 알기에 기쁨에 맞물리는 두려움이 함께한 것이 당연할 터였다. 젊은 신부의 울음 섞인 음성에 신자들도 가슴 뭉클한 감동의 눈물을 흘렸다.

우리 아이들은 초등학교 때에 영세를 받았다. 2학년이던 작은아이는 첫영성체는 못할 나이였지만 연년생으로 쌍둥이처럼 자란 형이 하니, 저도 하겠다고 우겨서 함께 첫영성체를 하고 둘이 같이 복사가 되었다. 신부님의 미사집전을 돕는 복사는 새벽에나 밤 미사에도 제대 곁에 서야하므로 걱정스러웠지만, 아이들은 중학교에 갈 때까지 맡은 일을 아주 잘했다.

그 나이에 맞게 신앙생활도 열심히 했다. 미사도 거르지 않았고, 성가의 기타반주도 하며 이것저것 질문도 많이 했다. 뜻밖의 이야기를 해서 나를 당황하게 했다. 어느 날 아이들과 대청마루에서 과일을 먹고 있는데, 작은아이가 물었다.

"엄마, 착하게 살면 천당에 간다는데, 내가 지금 죽으면 바로 천당에 갈 수 있는 거지?"

"그럼, 우리 성수(프란치스코)는 착하니까 천당에 가겠지. 그렇지만 아무 때나 가면 안 되는 거야. 이곳에서 네가 할 일을 잘하고, 하느님이 오라고 불러주실 때 가야 되는 거야."

그러자 옆에서 숙제를 하던 큰아이가 많이 별렀던 듯 정색을 하고 말했다.

"엄마, 나 커서 신부님 될까?"

나는 가슴이 철렁했다. 그동안 큰애는 야구선수나 만화가가 되고 싶다 했었는데 갑자기 신부라니… 대답이 없자 아이가 재촉했다.

"엄마, 나 신부님이 되고 싶어요."

무슨 말을 해주어야할지 당황스러웠다.

"인수(미카엘)는 훌륭한 신부가 될 수 있을 거야. 그렇지만 좀 더 생각해 보자. 네가 더 자라서도 신부님이 되고 싶으면 그때 정해도 늦지 않거든."

그때나 지금이나 신앙심이 깊지 못한 나는 신부가 되면 결혼도 못하고 독신으로 지내며, 여러 사람이 주시하는 자리에서 힘든 생활을 해야 한다는 생각만 들어 교활하게 대화를 피했다.

그 후 큰아이는 다시 그런 말을 하지 않았지만 나는 막 사제서품을 받은 젊은 신부를 볼 때마다 그 생각이 난다. 지금 우리 아이들은 성당에 다니지 않는다. 잘 자라서 결혼을 하고 자식도 두었지만, 고등학교 때 이사를 하고 성당이 바뀐 후론 신앙생활과 멀어졌다. 성직자의 길은 가지 않더라도 신앙생활은 잘해야 하는데 어미인 내가 부족하니 그리되었다. 이미 돌이킬 수 없는 일이지만, 그때 내가 만약

"좋은 생각이야. 네가 신부님이 되면 엄마는 참 좋겠다."

했으면 어찌 되었을까?

나는 성직자들을 존경한다. 그중에서도 평생 독신으로 살며 개인적인 욕망을 다 버리고 이타적인 사랑과 진리만을 위하여 사는 천주교 신부, 수녀, 수사, 그리고 불교의 비구스님들을 좋

아한다. 사람은 누구나 본능적인 욕망에 초연하기 어렵다. 그분들이라고 좋은 것과 싫은 것의 구별이 왜 없겠는가. 그래도 늘 같은 자리에서 높은 곳을 바라보며 사시는 그 삶이 맑고 귀하게 여겨진다.

사람들은 목회자도 우리와 같은 인간임을 잊고, 신으로 살기를 바랄 때가 많다. 그래서 어쩔 수 없는 일에서도 '신부가(또는 스님이) 저러면 안 되지.' 하며 터무니없는 질시와 원망을 하기도 한다.

때로는 젊고 잘생긴 그리고 매력적인 성직자에 반한 여성들이 필요 이상의 관심을 보여 오래 공들여온 그 길을 가로막기도 한다. 더러는 그 상대를 돕지 않으면 안 되어서, 또는 그 길이 자신의 길이라 여겨 힘들게 도달한 성직에서 스스로 물러나 평신도로 돌아가는 모습을 볼 때면 가슴이 아프다 못해 쓰리다. 그런 어려움 속에서도 많은 성직자가 자신의 길을 차분하게 걸어가니 참으로 감사하다.

미사의 끝 순서로 장엄 축복을 주는 미카엘 신부님의 앳된 모습을 올려다본다. 싸락눈 흩날리는 삽짝 길을 나서는 어린 병아리를 전송하는 어미닭의 마음이 되어 저절로 두 손이 모아진다. 부디 어렵게 택한 그 길을 끝까지 잘 걷길 바라며 신자들은 다함께 축가를 불렀다.

"이른 아침에 잠에서 깨어 주를 바라볼 수 있다면……
세상이 신부님 힘들게 하여도 주님 언제나 그 곁에 있네."

성당 스테인드글라스를 통과한 햇살이 신부님의 하얀 제의에 색색의 십자가를 수놓고 있었다. 맑고 환하게.

(2012)

콩순이

콩순이는 멍하니 하늘을 본다. 이제 나연이는 여기 없다. 미국 앨라배마로 떠난 지 일주일이 지났다. 아버지가 그곳 주재원으로 발령을 받았으므로 가족 모두가 출국한 것이다. 떠나기 전 대전에 내려와 친가와 외가에 들러 인사를 하고 갔다.

한 살 아래인 사촌동생 지윤이와 프로그램을 짜서 할머니 할아버지를 비롯한 가족들에게, 걸 그룹 뺨치는 솜씨로 춤을 추며 노래를 불러드렸다. 퀴즈를 내고 상품이라며 선물도 드리고 어깨도 주물러드렸다. 하지만 정작 콩순과는 함께할 시간도 없이 포옹 한 번으로 조용히 이별했다.

콩순이는 나연이 엄마가 만든 인형이다.

동글 넓적한 얼굴에 팔다리는 길쭉한데 발은 버선을 신은 듯

하고, 손은 조막손이어서 엄지만 따로 있고 네 손가락은 붙어있다. 눈썹은 검은 실로 반달처럼 그렸다. 머리카락은 진갈색 털실로 곱게 땋아 양 갈래로 늘어뜨렸다. 코는 민틋하니 형태도 없는데 붉은 입술은 꼬리가 위를 향해 웃음을 머금고 있다. 가장 예쁜 곳은 눈이다. 새까만 볼록 단추로 붙인 눈동자가 수정처럼 반짝거린다.

둘이서 처음 만나던 날, 퇴근하고 집에 온 엄마가 벌거벗은 인형을 거실 소파에 내려놓자, 세 살 나연이는 "아가, 아가" 하며 얼른 달려와 콩순이를 안았다. 그리고 제 옷을 입혔다. 둘이는 키도 몸무게도 비슷했지만 나연이 눈에는 아기로 보였던 모양이다. 그때부터 그들은 함께 살았다. 잠을 잘 때도 나란히 잤고, 밥 먹을 때도 제 식탁의자에 앉아 같이 먹었다. 외출할 때는 어디든 안고 나갔다.

나연이 다섯 살에 헤어짐이 왔다. 삼 년을 대전에서 살았지만, 오빠가 유치원에 들어가자 아빠가 계시는 서울로 올라가게 되었다. 그 애는 콩순이를 꼭 껴안았다가 제 식탁의자에 앉혀놓으며 말했다.

"콩순아, 할머니 할아버지를 잘 부탁해. 내가 자주 놀러 올게. 여기 의자에 앉아서 기다려."

서울로 올라갔어도 초등학교 1학년 무렵까지는 명절이나 할머니 할아버지 생신에 내려오면 잘 어울려 놀았다. 서울 집에 있는 날씬하고 멋진 드레스를 입은 백설공주나 금발머리 신데렐라 그리고 어여쁜 바비인형을 데리고 와서 기를 죽인 적도 없었다.

지윤이와 둘이는 엄마와 간호사가 되고 콩순은 아기가 되어 소파가 있는 병원에 가선 엉덩이 주사며, 예방주사도 맞고 큰 수술을 받아 붕대로 칭칭 감겨 있기도 했다. 콩순이가 유치원생이 되면 자매는 언니와 선생이 되어 많은 것을 가르쳤다.

그 무렵 콩순이는 자주 아팠다. 열이 나고 자꾸 울어서, 병원에도 뻔질나게 갔다. 주사를 얼마나 자주 맞았던지 한때는 주삿바늘 자국 때문에 긴 팔 원피스만 입고 지낸 때도 있었다. 그래도 짜증 한 번 내지 않았다. 그냥 그 아이들과 함께 노는 것이 좋았기 때문이다.

이제 자매는 열세 살, 열두 살이 되었다. 키도 크고 몸집도 자랐다. 그런데 콩순이는 아직도 세 살 그대로다. 대화도 되지 않는다. 언제부턴가 두 아이는 할머니 댁에 와서도 저희 둘이만 작은 방에 들어가 문을 꼭 닫고 몇 시간이고 새새거릴 뿐 눈길도 주지 않는다.

그래도 콩순이는 늘 아이들을 바라봤다. 자매가 애니메이션 '겨울왕국'의 안나와 엘사가 되어 노래를 부르면 속으로 따라 불렀다. 걸 그룹 춤을 추는 모습을 베란다 유리 너머로 들여다보며 혼자 손뼉을 치기도 했다.

출국하기 전날, 할머니는 나연에게 말씀하셨다.

"나연아, 너는 내일 떠나면 4년 후에나 미국에서 올 거고, 열일곱 살이 되잖아. 그때까지 콩순이를 혼자 두어야 할까? 내 생각에는 제 또래 친구에게 보내주는 것이 좋을 것 같은데 네 생각은 어때?"

나연이는 바로 대답하지 않았다. 다음날 오후 공항으로 떠날 때야 콩순이를 안더니 슬프고 작은 목소리로 말했다.

"그럼 깨끗이 목욕시키고 제일 좋은 옷을 입혀서 보내요. 착하고 예쁜 아이에게 보내야 해요. 손가락 발가락이 붙었다고 구박받으면 너무 불쌍하잖아."

할머니는 안도한 눈치셨다. 그동안 여러 번 다른 아이에게 보내려 했지만, 번번이 반대를 해왔기 때문이다. 그때 콩순이는 알았다. 잘 놀아주지도 않으면서 지금까지 저를 다른 아이에게 보내지 않았던 나연이 마음을….

조금 전 나연이는 앨라배마에서 카카오톡으로 저희가 사는 집과 가족사진을 보내왔다. 할머니는 분홍빛 새 드레스를 입은 콩순이 사진을 전송하면서 편지를 쓰셨다.

"콩순이는 부활절에 세 살 아기에게 갈 거야. 우리 성당 유치부 아이가 제 동생에게 선물하고 싶단다. 네 식탁의자도 같이."

(2015)

남편의 여자 친구

아침 준비를 한다. 마늘종을 볶고 고춧잎을 무치며 새우젓 간으로 호박나물도 한다. 오늘 반찬 재료는 남편의 여자 친구가 보내준 것이다. 남편이 건넨 전화 속에서 그녀가 말했었다. "사모님, 이런 것 보내도 괜찮지요? 그냥 감사해서…." 나는 고맙게 잘 먹는다고 웃으며 대답하고 전화를 끊었다.

남편은 아니라고 하지만 그녀는 남편의 여자 친구가 맞다. 매일 하루에 네 시간 이상을 탁구장에서 얼굴을 대하는 사이다. 내 얼굴 보는 시간보다 그녀를 보는 시간이 더 길다. 전화나 문자도 자주 한다.

남편은 탁구를 썩 잘하는 편은 아니지만 새로 배우는 사람들의 좋은 상대가 될 정도는 된다. 그런데 최근 들어 음료수를 들고 오거나 과자와 케이크를 가져오고, 어떤 때는 기르는 닭에서 받아왔다는 유정란과 채소를 가져오곤 했다. 쫀득쫀득한 찰밥도 가져온다. 함께 탁구를 하는 여인이 잘 가르쳐주어 고맙다며 싫다고 해도 억지로 안겨준다고 한다. 민망해할까봐 거절하기도 어렵단다.

요즘 세상에 참 순수한 분도 있다는 생각을 했다. 고마우면 둘이 차를 나누거나 식사를 같이하면 될 텐데, 매번 집으로 소박한 선물을 보내는 마음이 어여쁘게 느껴졌다. 엊그제는 감사해서 소소한 것을 보내드리는데, 혹여 속이 상하실까 염려된다며 선생님께서 미남이라 이곳에서 인기가 높다는 말을 덧붙여 내게 또 전화 했다.

듣기 싫은 말은 아니지만 맞는 말도 아니다. 그는 젊어서와 다르게 지금은 몸이 아주 왜소해지고 동그랗게 크던 눈도 꺼풀이 내려와 작아졌다. 피부도 거칠고 주름살도 생겨 외모 운운할 처지가 전혀 아닌 걸 생각하며 나는 속으로 실실 웃는다. '그래, 제 눈의 안경이지 뭐.' 하면서도 밖에서 이리 치이고 저리 밀리며 나만 쳐다보는 남자보다는 밖에서도 인기 좋은 남편과 사는 게 좋다고 생각한다.

오늘은 동호인들이 저녁을 함께한다더니 열 시쯤, 먼저 자라며 전화가 왔다. 덧붙여 노래방에서 노는 중인데 애창곡이 바닥

났다며, 자기 목소리에 맞는 노래 좀 추천해 달란다. 나는 그에게 맞을 노래 몇 곡을 추천해 주고 혼자 수목 드라마를 보았다. 그것이 끝나고 열한 시 반이 넘었는데도 그는 돌아오지 않는다.

낮에는 어디든 가고 무슨 일이든 혼자도 잘하는 나지만, 늦은 밤에 아파트에 혼자 있는 것을 상당히 무서워하는 것을 잘 아는 터라 이렇게 늦지는 않는데 이상하다. 슬그머니 안 해도 좋을 걱정까지 생긴다.

시계가 자정을 넘긴다. 나는 잠옷 위에 꽃무늬가 고운 빨간 에이프런을 걸치고, 거울에 비친 모습을 폰으로 찍어 남편에게 문자를 넣었다.

"어머, 벌써 새벽인가 봐. 아침 준비하려는데 이 모습은 어때요?"

바로 그의 답장이 왔다.

"헉! 이 섹시한 사람이 누구신가? 나, 지금 간다. 가."

나는 그가 바로 돌아올 것을 믿으며 잠자리에 든다.

어떤 친구는 우리를 보고 나잇값도 못하고 아이들처럼 산다고 하지만, 내 생각은 다르다. 나이 들었다고 매사에 꼭 엄숙해야 할 필요도 없고, 점잖은 척할 이유는 더더욱 없다. 젊어서는 위로 어른이 계시고 아이들도 품 안에 있었으니 조심할 것도 많았지만, 지금은 우리 부부만 살고 있으니 행동이 자유롭고 솔직하다. 예전보다 사려가 깊어져서 웬만한 일에서는 뒤로 물러나 주는 것뿐이다.

더구나 나이 드는 것과 감성은 무관하다. 오히려 젊어서보다 깊어지고 폭이 넓어졌을지 몰라도 무디어진다는 생각은 하지 않는다. 다만 순발력과 표현하는 능력 면에서 좀 떨어지는 것은 어쩔 수 없는 사실이지만….

젊다는 것은 좋은 일이다. 생체적인 젊음은 우리에게서 떠나갔고, 또 가고 있다. 하지만 주어진 하루하루를 젊게 사는 것은 자신이 선택하기 나름이다. 나는 점잖은 쪽보다는 젊은 쪽을 선호한다. 왜냐하면 '오늘 이 순간'은 남은 내 생애 중에서 가장 젊은 시간이기 때문이다. 내일보다는 하루가 더 젊고, 내년보다는 일 년이나 더 젊은 날, 그것이 소중한 오늘이다. 그러니 충분히 누려야 하지 않을까?

아무래도 내일은 남편의 여자 친구에게 생과자 한 상자를 보내야 할 것 같다.

'예쁘게 적당히 친하세요.'

보일 듯 보이지 않는 메시지를 슬쩍 넣어서. 호호호!

(2012)

왕버들과 요양병원

생명은 존귀하고 아름답다.

안동 도산서원 앞엔 수령이 400년을 훌쩍 넘는다는 왕버들 두 그루가 세월의 역경을 이겨낸 우람한 자태를 드러내고 있다. 구불구불 휘어지고 늘어진 가지가 긴 세월의 흔적을 보여주는데 마치 커다란 구렁이 몇 마리가 얼크러져 있는 듯하다.

아래로 휘어진 가지엔 여러 개의 쇠기둥을 세워 가지가 땅에 닿지 않도록 떠받치고, 여기저기 영양제까지 꽂고 있다. 사람들은 장관이라고 말하지만, 나는 왜 그런지 가엾고 쓸쓸한 생각이 들었다.

우리나라에는 귀한 수종이거나 기념이 되는 나무인데 자생이 어려워서 보호받는 나무들이 여럿 있다. 어떤 나무는 본래의 나무가 죽는 경우를 대비해서 옆에 비슷한 모양의 새끼 나무를 기르는 곳도 있다. 생명존중 사상에서 보거나 식물 연구목적으로 보아도 좋은 일임에 틀림이 없다. 그런데 나는 그런 나무를 볼 때마다 서글픈 생각이 드는 걸 어쩔 수 없다.

도산서원 왕버들은 과연 인간의 도움을 받아 오래오래 영원토록 살고 싶을까? 어쩌면 그가 가지를 자꾸 땅으로 떨어뜨리는 것은 인간의 도움으로 살기에도 지쳐서 땅에 눕고 싶어서는 아닐까?

모든 생물은 때가 되면 세상과 작별한다. 큰 나무라고 또 보호수라고 해서 다를 것도 아니다. 혹여 나무가 오래 산 것에 대한, 또는 그를 오래 살게 한 인간의 능력을 자랑하고 싶은 욕심이 나무들을 지치게 하는 것은 아닌지 한 번쯤 생각해 볼 일이다.

요즘 요양병원에 가면 인간의 존엄성을 상실한 노인 환자들이 눈도 뜨지 못하고 누워있는 것을 보게 된다. 가족을 알아보지 못하는 것은 물론 스스로 움직이지도 못하고 의사소통도 못하니 살아있다고 말하기도 어렵다. 그들이 평생 쌓아온 지적, 사회적 위치가 휴지가 되고, 재산도 내 것인지 남의 것인지 모르게 사용된다. 간병인에게 볼기를 얻어맞고 반말지거리를 들으며 그저 호흡만 유지하고 계신 살아있는 미라가 된 노인들. 어쩌면 곧 닥칠 우리 모두의 미래 같아 소름이 돋는다.

그래도 도산서원 왕버들은 가지를 받쳐주고 영양제를 주면 잎도 피고 꽃도 피고 아름다운 그늘도 만들어준다. 좋은 사진의 배경도 되어준다. 아직은 치료를 잘하면 회복될 환자 수준이다. 그러니 지탱할 수 있을 만큼 돌보아주는 것이 마땅하다. 노인 환자들도 정성껏 치료해서 의식이 돌아오고 거동하게 된다면 노년을 즐길 수 있도록 해드려야 한다.

그런데 요즘은 그게 자꾸 이상한 방향으로 변질되는 느낌을 받는다. 요양병원에서 위독해지면 대형병원으로 옮겨 응급 처치하여 위기를 넘기고, 다시 요양병원에 돌아가 식물처럼 누웠다가 위독해지면 또 대형병원으로 간다. 이런 반복적 되풀이로 의식 없는 삶이 계속된다. 말하자면 인간 아닌 인간으로 수명만 연장되면서 가족들 생활까지 곤궁해지기에 이른다. 어느 경우에는 집에서 돌보면 그런대로 살아가실 노인을 브로커가 끼어들어 이곳저곳 옮겨 다니다 병이 악화하여 유명을 달리하기도 한다.

요양병원이나 요양원은 노인 인구가 많은 요즈음 꼭 필요한 시설이다. 그런데 그곳을 악용하는 사람들이 있으니 문제다. 어느 면에선 원래의 취지와는 다르게 현대판 고려장 장소가 되기도 한다. 극히 드문 일이겠지만 모시기 싫은 노인을 내다 버리는 곳으로 이용하기도 한다는 말이다.

재산 많은 어머니를 자신이 모신다면서 노인의 동의를 얻어(?) 재산을 가로챈 후에 기억력 상실을 치매로 몰아서 싸구려 요양원에 넣어 버린다. 그러다 열악한 환경에서 모친이 돌아가시자 호화 장례식장으로 모셔서는, 대단한 효자인 것처럼 울고불고하며 조의금을 챙기는 경우도 있다고 한다. 이것이 부모자식의 관계라니 참 슬픈 일이다.

하지만 모든 자식이 다 그런 것은 아니다. 함께 성경공부 하는 어느 자매님은 노인 장기요양등급 2급인 아흔다섯의 시어머니를 극진히 모셨다. 호스피스 봉사자기도 한 그녀는 어른을 잘 모시기 위해 요양보호사 교육까지 받았다. 그러나 그녀 역시 노인이어서 최근 들어 자신이 환자가 되기에 이르렀다. 어쩔 수 없이 모시던 시어머님을 휴양림 안에 있는 시설과 평판이 좋은 요양원에 입원시켰다. 물론 여러 형제의 동의하에 함께 장소를 물색했고 번갈아 드나들고 있다.

그녀는 집을 떠나신 시어머님이 마음에 걸려 이틀이 멀다 하고 방문하고 있다. 그때마다 어르신은 그간 요양원에서 있었던 재미있는 일이나 새로 배운 지식을 들려주신단다. 또 친구들이 많아서 좋다고 하신단다. 바람직한 일이다.

언젠가 읽은 통계청 자료에 의하면, 100년 전에는 인간의 평균 수명이 50세 정도였으나, 2010년에는 80.8세로 급격히 연장되었다고 한다. 2012년 영국의 BBC는 '2150년에는 인간 평균 수명이 150세까지 연장된다.'고도했다.

반가운 일이어야 하는데 걱정이 앞선다. 건강하지 못한 장수는 축복이 될 수 없으니 그때는 또 어떤 일이 생길는지. 죽음 준비학교, 임종 노트 쓰기 등 좋은 권유들이 많지만, 의식 없는 환자들에게야 무슨 도움이 될까. 비록 병마와 싸우더라도 최소한 인간의 권위를 지키며 떠나고 보내야 하는데.

그러고 보면 아직도 싱싱한 왕버들을 보며 요양병원을 생각하는 나 자신이 참 한심스럽다. 이럴 시간에 가벼운 운동이라도 하고 책이라도 읽어서 정신이 몸보다 먼저 떠나지 않도록 잘 준비해야 하는데 말이다.

그래도 생명은 존귀하고 아름답다. (2013)

슬프고 아름다운 이야기

그녀의 남편은 2013년 12월 위암으로 세상을 떠났다. 아내는 2015년 초에 아들을 낳았다. 남편이 없는데 수태된 아이, 누구라도 한 번쯤은 의심의 눈초리로 아이엄마를 보았을 상황이다. 관할구청에서도 그랬다. 출생신고를 하러 간 엄마에게 남편을 아이의 친부로 등록하는 것을 거부했다. 아빠의 사망일자는 아이의 수태일보다 빨랐으므로.

아내는 포기하지 않고 가정법원에 소송을 제기했다. 부부는 2009년 결혼했지만 불임 판정을 받고 2년 후 시험관 시술을 통해 첫째를 출산했다. 그러나 원하던 둘째를 가지지 못한 채 남편이 암으로 세상을 떠났다.

둘째를 갖고 싶어 한 남편의 마지막 소원을 이루어 주려고 아내는 병원에 보관 중인 남편의 정자로 다시 둘째를 낳은 것이다.

'남편 숨진 뒤 냉동 정자(精子)로 낳은 아이도 친자(親子)다.'

상황증거와 유전자 검사를 통해 2015년 7월 3일 서울가정법원 K판사가 내린 판결내용의 골자다. 이렇게 아내는 아이를 남편의 아들로 출생신고했다. 슬프고도 아름다운 이야기다.

남편도 없이 혼자 두 아이를 키우는 일이 쉽지 않음을 알면서도, 어려운 시험관 시술을 거쳐 둘째를 낳은 아내의 모습이 참 대견하다. 누가 강요한 것도 아닌데 행동으로 보여준 그녀의 남편 사랑에 여러 사람이 감동의 글을 올렸다.

그녀는 말했다. 정자를 보관하던 당시 남편의 간절한 마음이 잊히지 않아, 그냥 폐기하면 평생 한을 가지고 살 것 같았다고. 하지만 아이가 자라며 느낄 감정의 혼란에 대하여는 우리가 알 수 없다. 어찌되었던 나는 그 아이가 엄마의 마음을 이해해서 따뜻하고 착한 인재로 자라길 바라며 속으로 박수를 쳤다.

우리는 가족을 중시해온 민족이다. 한 집안에 삼대의 가족이 모여 사는 것은 보통이었다. 시대가 바뀌어 핵가족화되었어도 좋은 날에는 부모와 함께하는 전통이 지금도 이어진다. 또 자식을 잘 키우기 위해서는 어떤 고통도 참아내고 심지어는 목숨도 버릴 수 있는 맹목적인 내리사랑을 해온 것이 부모였다.

그런데 언제부터인가 우리 사회에도 조금씩 가족의 틀이 허

물어지고 있다. 자식이 부모를 돌보지 않는 것은 예사고, 눈에 넣어도 아프지 않다는 어린 자식을 살해하고도 버젓이 일상생활을 해온 부모도 있다. 계모와 친부가 7살 어린 아들을 한 평짜리 화장실에 감금, 한겨울에 매트 한 장에 밥과 반찬을 섞어 한 끼를 먹이다가, 아이 몸에 락스를 들이붓고 찬물을 뿌려 사망하게 한 원영이사건도 있다. 내리사랑마저도 균열이 생기고 있는 것이다.

유산을 미리 물려받고 돌보지 않는 자식을 상대로 부모가 재산 환수 소송을 제기하기도 한다. 한심하다. 하지만 시대의 흐름에 물들어가는 것이 인간이니 머지않아 그 나름의 합당한 질서가 생기리라 믿는다.

"할머니 생신 축하드려요." 아침에 손자, 손녀에게서 전화가 왔다. 큰아들이 해외로 발령을 받아 미국에 살고 있는 중이다. 생일축하는 지난 주말에 작은아들네 세 식구와 이미 했기 때문에 잊고 있었는데, 예쁘고 밝은 목소리로 나를 기쁘게 해준다. 아마도 자상한 제 어미가 날짜를 기억해서 아이들에게 알려준 모양이다. 이어서 작은며느리의 축하문자가 휴대전화기에 뜬다. 막내 손녀가 용돈을 모아서 샀다는 빨간 등산배낭이 배시시 웃고 있다. 모두 고맙다.

멀리 있어도 가까이 있어도 자식들은 늘 부모의 마음속에서 산다. 기도를 해도 아이들을 위한 것이고 나를 위한 기도는 하지 않는다. 맛있는 것을 먹어도 좋은 것을 보아도 생각나는 것이 자식들이다. 좋은 일에는 먼저 알리면서 어려운 일은 우리끼리 해결해 나가는 것이 부모 마음이다.

자식들 또한 그러한지 작은아이가 괜찮은 직장을 그만두었을 때도 우리는 반년이나 모르고 지냈다. 그 반년 동안에 집안 행사도 있었지만 내색도 않은 그 마음을 우리는 안다. 부모가 염려하지 않도록 저희끼리 극복해온 것을.

어렵게 낳아 쉽지 않은 절차를 거쳐 아빠의 진정한 자식이 된, 그 귀한 아기는 이제 첫돌이 지났을 것이다. 앞니가 서너 개쯤 났을까? 제 엄마를 알아보고 그 음성을 알아들을 것이다. 혼자 걷기도 하겠다. 엄마의 그 큰 사랑은 아직 몰라도 눈이 마주치면 방긋방긋 웃으며 그 품에 안기겠지. 귀여운 목소리로 엄마, 엄마 부르면서.

나는 그 아기가 누구보다 착하고 밝게 자랄 것을 믿는다. 사랑 많고 용기 있는 좋은 어머니를 가졌으므로.

(2016)

나무꾼과 선녀

때때로 오래된 기억이 마음을 훈훈하게 할 때가 있다. 오월엔 행사나 공연이 참 많다. 평소엔 별로 없는 어른을 위한 전통 악극이나 마당놀이, 사물놀이 공연도 있으며, 어린이를 위하여 동화를 재미있게 각색한 뮤지컬이나 연극도 많이 한다.

그 해엔 정동극장에서 뮤지컬 '나무꾼과 선녀'를 한 달 동안 공연하였다. 우리 전래동화인 나무꾼과 선녀는 누구나 잘 아는 이야기지만, 러시아 공훈예술가인 '이고르 야쿠센코'가 작곡을 맡고 가장 중요한 일곱째 선녀 역을 '마리나 야코블레바'라는 춤과 노래가 뛰어난 러시아 여배우가 맡게 되었다는 기사를 보았다. 다른 공연과는 좀 다를 것 같아 예약하고 선배 언니와 관람을 했다.

극장엔 엄마 손을 잡고 온 어린이들로 초만원이었다. 우리에게도 손자들이 있을 나이였지만, 어린 관객들의 열광 속에서 모르는 사이에 분위기에 흡수되었다. 곰과 사슴으로 분장한 배우들이 나와서 노래를 하면 같이 따라 부르며 율동도 하였다. 천상선녀가 지상의 무장을 사랑한 벌로 흰 사슴으로 변해, 그 무장에게 쫓기는 장면을 보며 아이들과 같이 한숨을 쉬며 안타까워도 했다.

일곱째 선녀 역의 '마리나 야코불레바'의 춤사위와 노래는 한마디로 환상적이었다. 스물다섯 상큼한 그녀는 얼굴이나 몸매가 선녀처럼 아름다웠다. 더구나 러시아어로 부르는 옥빛 같은 야릇한 음색은, 그것이 선녀의 언어라 알아듣지 못하는 듯 느껴져 더 신비로웠다. 관객들은 그녀의 이끌림에 따라 천상의 분위기에 잠겨있었다.

공연은 아들을 가까이 두고 싶은 어머니에 의해 나무꾼이 지상에 남겨지고, 무장에게 쫓기던 흰 사슴은 그의 화살에 맞아 죽는다. 그는 끝까지 흰 사슴이 자기가 사랑했던 선녀였음을 알아채지 못한 채, 신기한 흰 사슴을 잡은 것만 기뻐하며 냉정하게 사라진다.

마지막으로 흰 사슴의 시신은 하얀 나비로 환생하여 열정적인 춤을 춘다. 이때 관객들도 입장할 때에 받은 반짝이는 나비를 함께 흔들며 공연에 동참한다. 안개 자욱한 숲 속에서 천상의 아내를 그리워하는 나무꾼의 슬픈 연가가 울려 퍼지는 가운데 막이 천천히 내렸다.

우리는 공연에 취해 초등학교 어린이처럼 안타까운 마음으로 자리에서 일어섰다. 나이도 얼굴의 주름살도 잊었던 흡족한 순간이었다. 그런데 바로 그때,

"할머니! 그 나비 제게 주세요. 동생 갖다 주게요. 네, 할머니."

앞자리 남자아이의 큰 음성에 우리의 환상은 여지없이 깨어지고 말았다. 그러자 선배 언니께서 하시는 말씀.

"아이, 참. 이거 구경 잘하고 김새네. 나는 아직 젊다고 생각했는데 나보고 할머니라고 하잖아."

우린 웃으며 그 아이에게 나비를 주고 정동극장을 나섰지만 마음 한구석으로 밀려드는 쓸쓸한 느낌을 어찌할 수 없었다.

오래전 일이지만 두 시간 사이에 오십 년을 왔다 갔다 했던 그 묘한 기분은 지금도 생생하게 기억된다. 아름다운 러시아 여배우의 고운 춤사위와 옥빛 목소리는 물론 환생한 흰나비의 활기 넘치던 춤, 객석 가득히 흔들리던 나비의 물결, 그리고 정작 나무꾼과 선녀보다 더 내 마음을 끌었던 흰 사슴의 슬픈 사랑 이야기들이.

해마다 오월은 오고, 오월이 오면 나는 오래전 그날의 '나무꾼과 선녀'가 기억난다. 우리 고전의 우수성에 대하여도 다시 한 번 생각하게 된다. 그때는 지금에 비하면 젊은 편이었는데… 그래서인가 추억은 아름답고, 그것을 그리워하는 마음은 애틋하다.

갑자기 그날 공연을 함께 보았던 선배가 보고 싶어진다. 나는 전화번호를 뒤져 천천히 다이얼을 돌렸다. 전선 저쪽에서 차분한 언니의 음성이 들려온다. 나는 열 살짜리 천진스런 목소리로 말을 건넨다.

"저 할머니, 안녕하세요? 이번 오월에는 예쁜 호랑나비 한 마리 길러보지 않으시겠어요?" (2013)

하얀 스커트의 여인

목척교 위에서 그녀가 갑자기 걸음을 멈췄다. 세모시 생활한복의 단아한 맵시를 훔쳐보며 마주 걷던 나도 멈춰 서지 않을 수 없었다.

"저, 혹시 예전에 청주서 근무하지 않으셨어요? 성함이 권…."

나는 얼결에 고개를 끄덕였다.

"전에 이혼위자료로 받을 집 관계로 상담했었는데, 저를 기억하실는지?"

생각이 났다. 어찌 그녀를 잊겠는가. 청주서 근무하던 2년간 내가 만난 사람 중 가장 아름답게 기억되는 그녀를.

토요일 아침이었다. 그녀는 눈부시게 하얀 주름치마를 입고

웨이브 없는 생머리를 머리 위로 올린 상큼한 모습으로 우리 상담실로 들어왔다. 나는 기본 자료를 가지고 상담을 끝내고 나서 마침 밀린 손님도 없기에 웃으며 말을 걸었다.

"남편께서 부인을 많이 사랑하시나 보군요. 재산도 나눠주고."

"아니요. 사랑은 근처도 안 갔어요. 결혼생활 십 년에 헤어지며 주는 건데요 뭐."

"아니, 그럼 이혼위자료로 주는 거예요? 그러면 계산이 틀리는데요. 위자료로 주는 것이면 부인은 증여세는 해당이 안 되지만, 남편 되시는 분은 양도소득세를 내야 합니다."

그녀는 예쁜 미간을 가볍게 찡그리면서 근심스럽게 물었다.

"그럼 세금이 많이 나가나요? 얼마나 되는데요?"

"계산해 보니 구백오십만 원 정도가 나가는군요."

"어머, 그러면 안 되는데…."

"왜 그러세요? 싫어서 헤어지는 마당에 세금이라도 왕창 나가면 속이 시원할 터인데 걱정은 무슨?"

"그래도, 그이가 지금 경제적으로 상당히 어려운 처지예요."

"그렇게 걱정하시는 걸 보니 남편께 정이 많이 남아 있나 보군요. 그런 마음이라면 헤어지지 마셔야죠. 아이들도 있을 텐데 나중에 후회하게 되어요."

"사실 아이들이 제일 걱정이에요. 아직 어린애들인데. 하지만 우리는 기본 성격이 너무 안 맞거든요. 매일 다투기만 하고."

"매일 다투신다면 항상 상대에게 관심이 있다는 거잖아요. 관심이 없으면 싸울 일도 없을 거예요. TV를 보면 평생 한 번도 안 싸우고 살았다는 부부들 있던데, 저는 그 말 안 믿어요. 정말 그런 부부가 있다면 그건 한쪽이 상대를 완전히 포기한 상태거나, 둘 중 하나가 하녀나 하인으로 사는 경우 아닐까요? 그건 부부라고 할 수가 없지요. 주인과 종의 관계지. 제가 잘 몰라서 그런지는 모르지만 사람 사는 거 다 거기서 거기지 특별한 경우는 드물다고 생각해요. 저 자신도 제 맘에 들었다 안 들었다 하는데, 남편이야 본인 자신은 아니잖아요. 혹시 남편께 못된 습관이 있거나 딴살림을 차려서 헤어지자면 모를까."

"아뇨 그런 건 아닌데 우린 한 번 의견이 어긋나면 둘 다 서로에게 지독한 상처를 입힐 만큼 심하게 말다툼을 해요. 처음에는 그때만 지나면 괜찮았는데 요즘은 그것이 안 잊히고 서로 얼굴만 보아도 짜증이 나고 그래요. 제가 신경이 약해져서 병원까지 들락거리는데 이대로 가다가는 정신이상이 될 것 같아 무서워요."

"아이고, 별걱정을 다하십니다. 정신이상은 아무나 되나요. 부인께서 생활을 한번 바꾸어 보면 어떨까요? 가벼운 직장생활을 해봐도 좋고, 봉사활동 같은 것도 괜찮지요. 그럴만한 형편이 안 되면 속이 상할 때마다 어디 호젓한 곳에 가서 큰소리로 하소연하거나, 좋아하는 노래를 몇 번이고 불러보셔요. 우습게 들리겠지만 해보면 이상하게 마음이 편해져요. 이건 제가 D서에 근무할 때 친구와 했던 방법인데요, 그 관서 지하에는 큰 서고가 있었어요. 거기선 아무리 큰소리로 노래하거나 떠들어도 밖에서는 안 들리죠. 속상할 때 한바탕 속에 있는 것을 토해내고 나면, 밉던 사람도 미운 줄 모르겠고, 언제 그랬냐 싶게 일도 잘되더군요. 한번 시험해보세요. 요즘은 노래방이 있어서 훨씬 쉽겠네요. 어머, 제가 너무 많은 말을 했나 봐요. 참 주책없죠?"

"아니에요. 아주 재미있는 방법이군요. 저는 노래는 잘 못하지만."

나는 삼십 대 후반의 그녀가 동생 같은 생각이 들고 가여워서 한동안 이런저런 이야기를 하며, 그녀의 하소연을 다 들어주었다. 한참 후 다른 손님 두세 명이 동시에 들어서자 그녀는 눈물이 글썽해서 그만 가겠다고 일어섰다.

"오늘 참 감사했어요. 안녕히 계세요."

"네, 편히 가시고 마음이 바뀌면 전화하세요. 특히 자녀는 그 아이들이 낳아 달라고 부탁해서 태어난 것도 아닌데 딱하잖아요."

그녀와의 상담은 그것으로 끝이었다.

그로부터 한 달이 채 안 된 어느 날 그녀가 전화했다. 둘이 조금 더 견디어 보기로 했다면서. 돌아가 생각해보니 자신도 잘못한 것이 많더란다. 나는 축하의 말을 건네고, 훗날 또 이혼하게 되거든 서류 가지고 오면 잘 계산해 주겠다고 웃으며 전화를 끊었다.

우리는 근처 찻집에 들러 따끈한 차 한 잔에 옛이야기를 곁들여 아주 천천히 마셨다. 십오 년의 세월이 흘렀지만 여전히 아름다운 그녀는 차분한 품위까지 더해 그 정갈함이 깊어져 있었다. 흰옷을 좋아하는 것도 여전한 듯했다.

아이들은 공부를 잘해 둘 다 수도권 대학에 다녔고, 남편의 사업도 성황이라고 한다. 부부 사이도 원만하단다. 자신이 가장 어려웠을 때 뜻밖의 장소에서 위로를 받은 것이 감사해 나중에 찾아갔었는데 대전으로 전근한 후였다며 반가워했다. 우리는 몇 번이나 손을 잡고 서로의 행운을 빌며 헤어졌다.

세상을 살면서 많은 인연을 맺는다. 짧지만 따뜻한 인연이 있는가 하면 길고 지겨운 인연을 만나기도 한다. 작은 것에서도 감사하는 인연이 있지만, 오랫동안 큰 것을 주었어도 형편이 달라지면 안면을 바꾸는 인연도 있다. 오늘 이 여인과의 인연은 짧지만 청량한 인연이다. 그녀의 하얀 스커트 같은. (2012)

피천득 「수필」에 딴지 걸기

피천득 선생님의 수필을 좋아한다.

그의 모든 수필을 다 좋아하지만 「인연」과 「수필」을 더 좋아한다. 「수필」을 처음 읽었을 때 세상에 어쩌면 이렇게 예쁘고 고운 말로만 이루어진 글이 있을까 감탄했다. 감수성이 예민하던 소녀 시절에 가졌었던 그 마음은 오래도록 변하지 않았다. 처음 수필가가 되었을 무렵에도 나에겐 교과서 같은 글이었다. 그런데 본격적으로 수필가로 활동하면서 답답해지기 시작하였다.

수필은 청자연적이다. 수필은 난이요, 학이요, 청초하고 몸맵시 날렵한 여인이다. 수필은 그 여인이 걸어가는 숲 속으로 난 평탄하고 고요한 길이다. 수필은 가로수 늘어진 페이브먼트가 될 수도 있다. 그러나 그 길은 깨끗하고 사람이 적게 다니는 주택가에 있다.

수필이 이렇게 곱기만 하다면 자신의 감성과는 일치하지 않은 무엇도 곱고 예쁘게만 써야 한다. 그렇다면 수필은 큰 문제를 비켜 가는 자그마한 이야기만 써야 한다는 생각이 들어, 나는 이 문단에 이렇게 덧붙이고 싶다.

'때로는 칼이 되기도 하고, 위풍당당한 사내대장부의 기개로 군중 속을 걸어가면서도 의젓하여 굽힘이 없다.'

수필은 청춘의 글은 아니요, 서른다섯 살 중년 고개를 넘어선 사람의 글이며, 정열이나 심오한 지성을 내포한 문학이 아니요, 그저 수필가가 쓴 단순한 글이다.

이 문장 때문에 사람들은 수필은 노년층이 쓰기 좋은 글이고 젊은이는 쓰기 어렵다는 착각을 일으킨다. 심오한 지성을 내포하지도 못한 단순한 글. 힘이 쭉 빠진다. 이래서야 어떻게 열정을 가지고 수필을 쓰겠는가.

수필은 흥미를 주지만 읽는 사람을 흥분시키지는 아니한다. 수필은 마음의 산책이다. 그 속에는 인생의 향취와 여운이 숨어 있는 것이다.

수필에 인생의 향취와 여운이 숨어있는 것은 맞다. 그렇다 해도 어느 장르의 글이던 결과적으로 인간에게 감동을 주는 것이 글의 속성이다. 어떤 감동은 흥분을 유발하기도 하는데, 무덤덤하라니 눈 뜨면 자극이 넘쳐나는 이 시기에 당치도 않은 말이다.

> 수필은 한가하면서도 나태하지 아니하고, 속박을 벗어나고서도 산만하지 않으며, 찬란하지 않고 우아하며 날카롭지 않으나 산뜻한 문학이다.

이론으로는 좋지만 한가하다거나 나태하다는 것은 독자의 기분에 따라 다르다는 것이 내 생각이다. 우아함이나 산뜻함 역시 읽는 이의 수준에 달려있다. 새롭게 글을 써도 읽는 이의 수준에 따라 난해할 수도 식상할 수도 있는 것이 글이 아닌가.

> 수필은 플롯이나 클라이맥스를 필요로 하지 않는다. 가고 싶은 대로 가는 것이 수필의 행로이다. 그러나 차를 마시는 거와 같은 이 문학은 그 방향을 갖지 아니할 때는 수돗물같이 무미한 것이 되어 버리는 것이다.

가고 싶은 대로 가는 것이 수필의 행로라면서 방향을 갖지 않으면 안 된다는 말은 또 무슨 말인가. 더구나 플롯이나 클라이맥스가 필요하지 않다니 이것이야말로 무미한 말장난이 아닌지 생각해 볼 필요가 있다.

수필은 독백이다. 소설가나 극작가는 때로 여러 가지 성격을 가져 보아야 된다. 셰익스피어는 햄릿도 되고 폴로니아스 노릇도 해야 한다. 그러나 수필가 램은 언제나 찰스 램이면 되는 것이다. 수필은 그 쓰는 사람을 가장 솔직히 나타내는 문학 형식이다. 그러므로 수필은 독자에게 친밀감을 주며, 친구에게서 받은 편지와도 같은 것이다.

이 대목이 당초 내가 제일 좋아하던 부분인데, 요즘은 여기서 맥이 탁 풀린다. 선생님은 무한대로 뻗어 나갈 수 있는 수필의 길을 작은 틀 속에 가두어버린 것이다. 자기 자신만을 담아내는 것이 수필이 되어버림으로써 수필의 확장을 차단해 버렸다. 문화의 발달로 문학도 여러 장르가 서로 오가는 시대가 되었다.

시는 산문시로 수필의 영역으로 밀고 들어왔고, 소설은 극단편소설로 수필 같은 소설이 쓰인 지 오래다. 수필은 시와 소설의 틈바구니에서 몸을 돌리기도 어렵게 되어버렸다. 결국, 장르의 존재 자체까지 희미해져 가고 있다.

덕수궁 박물관에 청자연적이 하나 있었다. 내가 본 그 연적은 연꽃 모양을 한 것으로, 똑같이 생긴 꽃잎들이 정연히 달려 있었는데, 다만 그중에 꽃잎 하나만이 약간 옆으로 꼬부라졌었다. 이 균형 속에 있는 눈에 거슬리지 않는 파격이 수필인가 한다. 한 조각 연꽃잎을 꼬부라지게 하기에는 마음의 여유를 필요로 한다.

아름답다. 균형 속에 있는 파격! 한 조각 연꽃잎을 꼬부라지게 하는 마음의 여유.

그런 여유를 나도 갖고 싶다. 그런데 그 꼬부라진 연꽃잎이 자기가 청자연적에 붙어있다는 사실조차 모른다면 그것은 슬픈 일이 아닐까?

이 마음의 여유가 없어 수필을 못 쓰는 것은 슬픈 일이다. 때로는 억지로 마음의 여유를 가지려 하다가는 그런 여유를 갖는 것이 죄스러운 것 같기도 하여 나의 마지막 십분 지 일까지도 숫제 초조와 번잡에 다 주어 버리는 것이다.

가장 아쉬운 부분이다. 이 끝 문단은 왜 첫 문장에서 끝내지 못했을까? 처음 읽을 때부터 그랬지만 지금도 그것이 아쉽다. 이 마지막 문장은 무슨 생각으로 쓰신 것인지 이해도 되지 않는다.

잠 안 오는 밤, 존경하는 선생님의 수필에 딴지를 걸어봤다. 선생님처럼 좋은 글을 쓰지 못하는 자신에 대한 투정 같기도 하지만 내 진심이기도 하다.

나는 수필이 아주 곱고 보드라운 틀일망정 거기 갇히는 것이 싫다. 수필은 모든 것을 담을 수 있어야 한다는 것이 나의 생각이다. 선생님이 금기로 적으신 소설도 시도 희곡도 다 담을 수 있는 작아 보여도 큰 그릇이 수필이라고 생각한다.

세상 모든 것들을 수필 안에 담을 수 있되 그것들이 자기화가 됨으로써 수필로 완성되는 것이라고 나는 감히 말하고 싶다. 부드럽거나 활달하며 때로는 비평적이기도 한 자유로운 수필을 쓰고 싶은 것이 나의 꿈이다. (2016)

수요일 밤 10시 무렵

'태양의 후예'는 KBS 수·목 드라마다. 전체 16부작으로 지난주까지 12부가 지나갔고, 이제 4부를 남겨놓고 있다. 사전 제작으로 중국에서도 온라인으로 동시 방영되고 있다. 첫 회부터 인기가 높아 '송중기 상사병'을 우려하는 목소리가 나올 정도란다. 아직 방영하지 않은 일본에서는 어서 방영하라는 요구가 빗발치고 있다고 뉴스는 전했다. 드라마 OST까지 음원차트를 싹쓸이하여, 잠깐 주춤했던 드라마의 한류열풍이 다시 불고 있다.

현재 시청률 33%, 어떤 장면에서는 39%를 넘기도 했다. 채널 수가 적었던 예전에는 50%를 넘긴 드라마도 있었다. 하지만, 백 개가 넘는 방송채널을 가진 요즘, 같은 시간대에 많은 드라마가 방영되는 수·목요일 밤 10시 무렵에 이 정도의 시청

률이 나오는 것은 대단한 일이다.

나는 이 드라마를 처음부터 보았다. 내가 눈여겨보고 있는 송중기라는 젊은 배우 때문이다. 더구나 요즘 드라마로는 드물게 사전제작이 완료되었으니, 네티즌의 개입으로 길이가 엿가락처럼 늘어지거나, 대책 없이 줄어들지 않을 것이기에 좋았다. 결말도 시청자 비위 맞추기로 바꾸지 않고 작가의 의도대로 될 테니 더 좋았다. 내용이 깨끗하고 화면도 아름다웠다.

최근의 인기드라마는 거의 불륜과 정치적 권모술수, 잔인한 폭력, 재벌기업의 주도권 다툼, 아이 바꿔치기 등등이 주를 이루었다. 사극까지도 그 범주에서 벗어나지 못했다. 성공드라마나 기억상실로 인한 이야기도 있기는 했다. 성공드라마는 끝이 뻔하고, 기억상실에 대한 것도 그동안 많이 보아 온 것이라 흥미를 갖기 어려웠다. 과거와 현재를 넘나드는 시간여행 드라마는 재미있고 신선하지만 현실감이 떨어졌다.

그런데 이 드라마는 젊은 남녀들의 바람직한 사랑이 극을 이끌고 간다. 용감하면서 유머가 있는 군인들과 이지적이면서도 약삭빠르지 않은 의사들이 있다. 주인공들이 남을 괴롭히지 않으니 더욱 좋다. 누군가는 촌스럽다고 말하기도 하지만 나는 촌스러워도 아름다운 드라마가 좋다.

촌스럽다는 말은 언뜻 부족함으로 여겨지지만, 정이 있고 따듯한 정서를 담은 말이다. 비록 세련되지 못하고, 허점도 많지만 소박하고 진솔한 대부분 보통사람을 칭하는 말이기도 하다. 그리고 이 촌스럽고 따뜻한 사람들이 촌스러운 이야기로 끌고 가는 것이 세상이다.

그렇다고 드라마 속의 네 주인공이 촌스럽다는 말은 아니다. 그들은 매우 아름답고 세련되었다. 다만, 그들이 가진 계산 없는 순수성을 일부의 사람들이 촌스럽다고 말할 뿐이다. 어쩌면 세련됨의 가장 기본은 순수한 촌스러움에서 시작된 것인지도 모른다.

드라마의 인기가 높아지자 스포일러들이 등장하기 시작했다. 호기심 많은 시청자에게 결말을 예고해 자기 블로그의 조회 수를 높이고, 예지력을 자랑하려는 사람들이다. 해서 제작사에서는 관계자의 입단속은 물론 시나리오도 회수하며 드라마의 몰입도가 떨어지지 않도록 애를 쓰고 있다고 한다.

배우 송중기는 어려서는 대전 대표 쇼트트랙 선수로 전국체전에서 메달을 받기도 했다. 대학재수생 시절 우연히 길거리 캐스팅이 되었다. 좋은 대학에 진학해 경영학을 공부했고, 학교 방송반에서 활동하며 아나운서를 꿈꾸던 얼짱 학생이었다.

영화배우로 데뷔 초에는 왕의 친위대의 한 사람으로 대사가 한마디뿐인 단역이었다. 그런데 빨리 뛰어야 하는 장면에서 쇼트트랙 식으로 양팔을 옆으로 휘두르며 달려, 그 한마디 대사가 그만 다른 배우에게 넘어가고 말았단다. 얼마나 공들여 연습한 대사인데.

서운했지만 포기하지 않은 그는 다른 장면 촬영 중, 말에서 낙마하자 걱정스레 묻는 감독에게 '대사 하나만 주시면 더 달릴 수 있습니다.' 하여 대사를 얻어냈단다. 그 일화를 어느 예능 프로그램에서 들었다. 그때부터 나는 그에게 관심을 두었다. 젊은 그의 열정이 좋아 보인 것이다.

이후로 그는 차근차근 연기자로 내 눈에 들어왔다. '성균관 스캔들'에서는 능청스런 연기로 귀여운 웃음을 주더니, '뿌리 깊은 나무'에서는 짧지만 팽팽하고 단호한 연기를 선보였다. 동화 같은 '늑대소년'으로 순수성을 보이고, '착한 남자'에 이르러 인기 절정에 올랐을 때 현역으로 입대했다. 제대 후 첫 작품인 드라마 '태양의 후예'에서 특전사 대위 유시진 역으로 지금 가파른 한류의 중심에 서 있다.

지난주, 배우로서는 처음으로 KBS 9시 뉴스에 출연한 그는 자세도 반듯했고 말도 잘했다. '부끄럽지 않은 한국사람, 겸손하지만 당당한 배우로 활동하겠다.'는 다짐을 보였다. 그가 꼭 그 말에 맞는 좋은 배우가 되기를 바라면서 나는 수요일 밤 10시를 기다린다.

돌아오는 수요일 밤 10시 무렵엔 TV를 보는 100세대 중 33세대 이상이 이 드라마를 볼 것이다. 산동네의 구형 TV나 호화로운 저택의 최신형 TV에서도, 평화를 지키려는 군인과 히포크라테스선서를 몸으로 실천하는 의사들을 만날 것이다. 그리고 그들은 비슷한 마음으로 즐겁거나 안타까워할 것이다.

기왕이면 그들의 일상생활도 엇비슷한 수준이 되었으면 좋겠다. TV자막이 올라가는 그 순간부터 배가 고프거나 암담하게 내일을 걱정하는 사람은 없었으면 더욱 좋겠다. 같은 배우들이 같은 내용을 연기하는 '태양의 후예'를 함께 시청하는 수요일 밤 10시 무렵처럼.

(2016)

부부싸움의 기술

부부싸움은 늘 사소한 것에서 시작된다. 서로 배려하느라 말을 아껴서 싸움이 되기도 하고, 자라온 환경이나 알고 있는 상식이 달라 의견충돌이 생기기도 한다. 어떤 연유로든 시작은 단순하고 시시하다. 인터넷에 떠도는 '감자 먹는 법'에서 비롯된 부부싸움 이야기는 그것을 잘 말해준다.

신혼부부가 찐 감자를 놓고 다투었다. 아내는 맛있게 먹기 위해 작은 접시에 설탕도 함께 내놓았는데, 남편이 소금을 요구했다. 감자는 소금을 찍어 먹어야 제 맛이 난다는 것이다. 아내는 입맛도 이상하다면서 감자는 설탕을 찍어 먹어야 제 맛이라고 우겼다. 둘은 감자를 설탕에 찍어 먹느냐 소금을 찍어 먹느냐로 옥신각신하다가 결국은 집안 얘기로 번지게 되었다.

"우리 집안은 조상 대대로 감자는 소금에 찍어 먹었거든."

"참, 대대로 웃기는 집안이네. 가난해서 설탕 살 돈이 없어 소금을 찍어 먹었겠지."

"그래, 너희 집 돈 많아 좋겠다. 그래서 우리에게 해준 게 도대체 뭔데?"

이렇게 대화가 번져나가다가 이혼을 할 지경에 이르렀다. 마지막으로 마을에서 가장 현명하다는 어른에게 상담을 받게 되었다. 그런데, 이야기를 다 듣고 난 어른의 말씀은 단순했다.

"그거 이상하네. 우리 집은 고추장을 찍어 먹습니다. 그냥 둘 다 놓고 드시지요."

부부싸움을 모르던 사이좋은 부부가 있었다.

그날 아침에도 아내는 우유를 따끈하게 데워서 컵에 가득 차게 따라 남편에게 주었다. 그런데 멈칫거리던 남편이 우유를 엎지르며 화를 벌컥 냈다.

"제발, 적당히 좀 따라줘요. 내가 평생 우유를 마실 때마다 엎지르지 않으려고 얼마나 마음을 졸였는지 알기나 해? 이젠 정말 지쳐!"

아내는 어이가 없었다. 어릴 적 몹시 가난해서 우유도 못 먹었다는 남편이 가엾어 결혼 후에는 컵에 가득하게 우유를 따라

주었고, 남편이 마시는 모습을 보며 행복했는데 갑자기 화를 내다니.

남편도 아내의 따뜻한 마음을 알고 있었기에 찰랑찰랑한 우유를 늘 조심해서 마셔왔다. 하지만, 지금은 나이 들어 손이 떨려서 우유 잔을 들어올리기도 쉽지 않은 지경에 이른 것이다. 사소한 일인데 상대를 너무 배려하느라 말을 아껴서 생긴 일이다.

우리 부부도 다르지 않다. 늘 사소한 것에서 다툼이 시작되었다. 결혼 초부터 좁혀지지 않는 것이 음식 문제다. 전라도 토박이 형수의 맵고 짭짤한 음식을 먹고 자란 남편과 충청도서 태어나 싱겁고 담백한 음식을 먹고 자란 나는 입맛이 전혀 달랐다. 그래도 음식을 하는 사람이 나이므로 가능하면 그의 입맛에 맞추며 살았다.

그런데 노년에 이르자 내 입맛이 어렸을 적의 상태로 돌아가 버렸다. 게다가 면역력이 떨어져서 입안에 혓바늘이 자주 돋아서 맵고 짠 음식 맛을 느끼기도 어렵다. 할 수 없이 남편이 집에 있을 때는 간을 보아달라고 부탁을 하는데, 자신이 간을 본 음식도 상에 올리면 싱겁다거나 양념이 빠졌다며 외면을 하니 답답하다. 삼시 세끼는 꼭꼭 챙겨야 하는데, 한번 입에 맞지 않는 음식은 절대로 먹지를 않아서 결국은 버려야하니 아깝고 짜증도 난다.

TV를 봐도 그는 운동경기를 좋아하고 나는 드라마를 좋아한다. 같은 운동경기라도 내가 야구를 보고 있으면 그는 격투기를 본다. 음악도 그렇다. 대중가요를 좋아하는 그는 아이돌그룹의 노래나 랩도 듣는 나를 '저게 노래냐?'고 핀잔한다. 사십 년이 훌쩍 넘게 서로 조율해왔는데도, 비슷해진 것도 있고 타고난 각자의 취향으로 자연스레 돌아간 것도 있다. 그러니 수시로 작은 다툼이 생길 수밖에.

제목을 읽으시고 부부싸움의 기술이 무엇인가 궁금하신 분들이 계시겠지만, 별것 아니다. 거슬리면 참지 말고 그냥 싸우고 상대의 약점을 건드리기 전에 자리를 피하면 된다. 싸움의 시작은 기억하되 전개나 결말은 되도록 빨리 잊어야 한다. 누가 이기고 졌나가 중요한 것도 아니고, 어느 경우에나 시작은 별것 아니므로 픽, 웃어버리고 말게 될 테니까.

꼭 기억해야 할 것은, 사소한 것으로도 옥신각신할 그가 있어 행복하다는 점이다. 그리고 이 사실은 세기를 넘겨도 변하지 않는 진리임이 틀림없다. 멀리 있는 것들이 아무리 멋지고 아름다워도 그들은 내 생애 속 하나의 엑스트라나 조연일 뿐, 주연급 상대역은 오직 남편이나 아내뿐이다. 하여 그보다 귀한 사람은 세상에 없다.

(2016)

4.

녹슬지 않는 밀어들

고흐- 아를르 지방의 시골집

편지, 그 녹슬지 않는 밀어들

연두색 편지지를 펼쳐놓는다. 기분이 이상하다. 예전에는 그렇게 많은 편지를 주고받았는데 아주 생소한 일처럼 어색하다. 우리 세대가 청소년이던 때는 전화조차 귀해서 대부분의 원거리 소통은 편지로 이어지곤 했기에 젊은이들은 자주 편지를 썼다.

쓰면서 설레고 받을 때 감미롭던 그 기분을 느껴보지 않은 사람은 드물 것이다. 어느 날은 밤새워 써서 우체통에 넣은 편지가 마땅치 않아 무슨 큰 실수나 한 것처럼 신분증을 들고 그 앞에서 기다리다 거둬가는 우체국 직원에게서 돌려받은 때도 있었다.

그런가 하면 어제 부친 편지가 마음에 안 들어 정정 서한을 보냈는데, 애초의 편지는 실종되고 정정을 알린 간략한 내용만 전해진 적도 있었다. 그렇게 나는 많은 편지를 쓰고 받았다. 자신에 관한 편지는 물론, 주제넘게 남의 연애편지를 썼던 경험도 있다.

어느 봄날, 나보다 한 살 아래인 지인이 말했다.

"언니, 부탁이 있어요. 좋은 사람에게 편지를 보내야 하는데 언니가 좀 써줘요."

나는 거절했다. 내 이름으로 그녀의 좋은 점을 전해줄 수는 있지만, 남의 이름으로 편지를 쓴다는 것은 내키지 않는 일이었기 때문이다. 그러나 그녀는 여러 날 계속해서 졸랐다. 하고 싶은 말은 자기가 알려줄 테니 그 사람 마음에 쏙 들도록 상큼하게 써 달라고.

나는 그럴만한 능력도 자신도 없었지만, 그녀의 끈질긴 부탁을 거절하지 못하고 러브레터 대필을 몇 개월이나 하게 되었다. 그녀가 그의 편지를 받고 내게 보여주며 답장에 쓸 내용을 말해주면, 나는 그것을 토대로 편지를 썼다. 그녀는 그 편지를 자기 글씨로 다시 베껴서 부쳤다. 처음에는 퍽 어렵던 일이 여러 번 되풀이되자 마치 내가 좋아하는 사람에게 하듯 편한 편지를 쓰게 되었다. 그뿐인가. 한술 더 떠서 그의 됨됨이나 지식수준을 가늠해보는 건방진 편지까지 쓰게 되었다.

문장 중에 어떤 내용을 틀리게 쓰면서 그가 그것을 발견하는지. 그것을 발견하면 어떤 태도를 보이는지를 알아보려 하였다. 예를 들자면 허만 멜빌의 「모비 딕」을 헤밍웨이의 것이라 쓰기도 하고, 디오게네스가 한 말을 소크라테스의 말이라고 소개하는 식으로… 그런데 그는 내용이 틀린 것을 곧 알아내었고 상대가 당황하지 않게 가볍게 짚어 주는 자상함을 보였다. 인품도 훌륭하고 교양도 있어 보여 나는 그녀에게 그와 끝까지 잘 지내라고 권고했다. 그렇게 그들은 예쁘게 사랑을 가꾸어 나가는 듯 보였다.

그해 성탄절이 되었다. 많은 카드와 편지가 왔는데 그중에는 그녀의 남자친구 이름도 있었다. 나는 접수처에서 전달을 잘못한 줄 알고 그 편지를 바로 그녀에게 주었다. 그녀는 "어머, 나한테 카드 왔는데…. 이건 언니 이름이잖아." 하면서도 받아갔다. 그리고 그것으로 그만이었다. 그 편지는 내게 돌아오지 않았고, 그녀는 무슨 일인지 알려주지도 않았다. 다만, 그날 이후로 다시는 편지를 부탁하지 않았다.

그렇게 나는 편지 대필에서 벗어나게 되었지만 읽지 못한 내용은 종종 궁금했다. 나와 일면식도 없는 그가 어찌 내 이름을 알았고 왜 편지를 보낸 것인지 이상했다. 어쩌면 '제발 우리 사이에서 빠져 달라'고 화를 냈을지도 몰라 부끄럽기도 했다. 하지만 그녀에게 내용을 물어보지도 못한 채, 나는 다른 부서로 전근되었고 세월은 흘러갔다.

지금 생각해보면 연애편지를 대필했던 일은 너무 철없는 일이었고, 두 사람에게 정말 미안한 일이다. 어떻게 그런 일을 할 수 있었는지 이해도 안 된다.

스탠리 홀은 인간 발달의 한 단계로, 신체와 정신의 발달이 가장 왕성한 스무 살 전후의 시기를 청년기로 분류하고 '질풍노도의 시기'라 했다. 누군가는 '뇌에 폭죽이 터지는 시기'라 말하기도 했다. 자신과 세상을 다 아는 듯하면서도 제대로 알지 못하여 두렵고, 꿈과 현실의 틈에서 혼란했던 시기. 아이도 아니고 그렇다고 어른이라고 할 수도 없는 애매한 심리상태에서 사회와 이성에 대하여 처음 눈을 뜨며 설레던 시기.

그랬기에 그 무렵 우리는 누구나 슬픈 영화의 주인공이었고, 감수성 넘치는 서정시인이 되어 많은 편지를 썼다. 심지어는 그녀처럼 남의 손을 빌어서라도 상대에게 좋은 느낌을 주고 싶어 했다. 단순하면서 절실하던 그 아릿한 마음을 누가 탓할 수 있을까?

아름답고 따뜻하며 촉촉한 이름 편지. 행간에 마음을 몰래 숨기면서도 상대가 그 행간을 꼭 읽어주길 바라며, 가슴속에 꽃물

결이 일렁이던 시간들. 우편함에서 그의 편지를 발견하면서부터 가슴이 두근거려, 겉봉을 열 때는 손끝이 떨리던 순간, 순간들. 그뿐인가. 읽으면서 전이되는 신비한 전율에 현기증을 느끼던 일들은 얼마나 숨 막히는 기쁨이었는지… 그런데 그 부드럽고 달콤했던 편지를 쓰지 않은 지 오래되었다.

인터넷이 활성화되면서 편지는 활자라는 틀 속에서 개성을 잃었고, 쉽게 쓰고 고치기 편한 것으로 바뀌었다. 나 역시 자주 메일을 쓴다. 게다가 요즘은 이동전화로 쉽고 빠르게 말이나 문자를 주고받는다. 이렇게 우리가 사랑하던 편지는 점점 세상에서 멀어져 가고 있다.

그런데 나는 오늘 아주 오랜만에 만년필로 한 통의 편지를 쓴다. 받을 이의 이름을 적고 '지난해에는 많이 바쁘셨지요?' 하고 첫 문장을 시작한다. 마음이 따스해진다. 젊은 날 미처 터지지 못한 폭죽 몇 개가 자분자분 터지고 있다.

(2012)

오죽이 울다

사각, 사각, 샤, 샤. 척, 처르르….

'이게 무슨 소리지?'

둘러봐도 특별히 눈에 띄는 것도 없는데 이상한 소리가 들린다. 내가 멈추면 소리도 멈추고 내가 움직이면 다시 사각거린다. 이곳은 초등학교 운동장 옆, 주민을 위한 운동기구가 설치된 곳이다. 더 정확히 말하면 나는 지금 '크로스컨트리' 위에 두 발을 올려놓고 공중 걷기를 하는 중이다.

아침 산책을 할 때면 나는 여기서 잠시 머물다 간다. 이곳에는 크로스컨트리 말고도 롤링트위스트, 트윈트위스트 등 몇 개의 운동기구가 있어 운동장을 돌거나 주변을 산책하던 주민들이 즐겨 찾는다.

안쪽으로 이순신 장군 동상과 신사임당과 율곡을 기리는 오죽동산이 있다. 해서 초여름비가 내리고 나면 대나무 새순들이 비죽비죽 솟아나기도 하는 곳이다.

소리가 심란해서 다른 운동기구로 옮길까 하며 발아래를 내려다보았다. 그런데 이럴 수가! 왼쪽 발판 밑에 대나무 한 그루가 자라고 있는 것이 보였다. 발판 아래에서 태어난 탓에 먼저 자란 잎은 발판의 움직임에 스쳐 거의 찢겨 버렸다. 그래도 그는 기를 쓰고 위를 향하여 줄기와 잎을 뻗는 중이다. 태생이 곧아서 구부러져 자라지는 못하여 옆 가지를 뻗었는데 여남은 개의 잎이 발판과 발판 사이 공간을 향해 자라고 있다. 어이없는 환경에서 태어났지만 스스로 살기 위해 최선을 다하고 있다. 가슴이 뭉클해 나도 모르게 소리쳤다.

"이것 좀 보셔요. 발판 밑에 오죽이 자라고 있어요."

몇 사람이 운동을 멈추고 오셔서 들여다보더니 머리가 희끗희끗한 남자분이 "이런… 가엾어라. 여기서 어떻게 살았을까? 우리 집에 심어야지."

뿌리가 제법 깊은지 어렵게 뽑아 가신다. 사실 그 부근에는 예쁘게 자란 어린 대나무도 많은데 모양이 일그러지고 잎도 망가진 것을 가져가시는 그 어른이 다시 보였다. 어쩌면 그분도 휘몰아치는 세상 풍파에 얻어맞아 넘어지고 일어나며 힘든 삶을 살아왔을지도 모른다는 생각이 든다. 나 또한 그러하였으니까.

대나무는 아열대와 열대 그리고 온대지방까지 널리 퍼져 자란다. 우리와 친근한 대나무로는 왕대(참대), 신우대(조릿대) 오죽이 있다. 겨울에도 잎이 푸르며 모습이 곧아 지조와 절개를 상징하는 나무로 여겼다. 동양에서는 소나무, 매화, 난초와 더불어 사군자의 한 자리를 차지했고, 십장생에도 넣을 정도로 사랑받았다. 왕대는 하늘을 향하여 치솟고, 신우대는 빽빽하게 덤불을 이루기도 하며, 오죽은 몸피가 가늘고 검은색을 띤다. 그들은 뿌리가 번성해서 다른 식물들이 제 터전에 침범하지 못하게 한다. 몇 년 동안 영양생장을 한 다음 꽃을 피워 번식한다지만 나는 인터넷으로만 보았지 직접 그 꽃을 본 적은 없다.

지난 초여름에 친지가 죽순을 주기에 삶으려고 갈라보니 그 안쪽에 여러 개의 마디가 촘촘히 준비되어 있었다. 상하 간격이 좁은 귀여운 사다리 같았다. 그 짧은 마디들이 자라서 길쭉한 대나무 한 마디가 된다고 생각하니 신비스러웠다. 초고추장에 찍어 먹으니 입안 가득히 향기가 어리고, 상큼했다. 씹히는 소리가 내 안에 사랑을 끌어들이는 듯 여겨졌다.

대나무는 우리 생활과 밀접한 나무다. 먹거나 관상용으로 쓰는 것 이외에도. 건축자재로 사용되고, 바구니 등의 가정용품과

낚싯대, 식물의 지지대로도 쓴다. 종이도 만든다. 노인들을 위한 지팡이로도 쓰인다. 6·25때는 죽창을 만들어 사람을 죽이는 흉기가 되기도 했다.

그런가 하면 줄기 내부에 있는 종이처럼 얇은 껍질 죽여(竹茹)는 토혈(吐血)에 약재로 쓰기도 한다. 숯도 만든다. 산림청에서 대나무 숯의 건강효과를 발표하였는데, 공기정화작용은 물론 심신안정, 악취제거, 혈액순환 증대, 피부보호 효과까지 있다고 한다. 참 유익한 식물이다.

또 있다. 대나무 빈 통 안에 밥도 짓는다. 한때 대나무통밥집이 성황이었다. 지금도 어느 음식점에서는 여러 종류의 밥을 대나무 통에 지어 배달하는데 간편하고 밥맛이 좋아 인기 만점이란다.

문득, 일죽(一竹) 오기환 선생님이 생각난다. 선생님은 그 호가 말하듯, 옳은 건 옳고, 그른 것과는 누가 뭐래도 타협을 모르는 대쪽 같은 성품을 지니셨다. 치이고 밀려 바스러질지언정 구부러질 줄 모르는 분이다. 운동기구 발판 아래서 자라는 오죽처럼 어려운 어린 시절을 보내셨다. 홀로되신 어머님과 배고픔에 시달렸고 군부대에서 심부름하며 살았지만 좌절하지 않으셨다. 꿋꿋하게 고통의 벽을 뛰어넘어 공부했으며, 공직에 투신해서는 남들이 부러워하는 자리까지 오르셨다.

여기까지는 우리 시대 많은 사람이 겪어온 길이기도 하다. 그러나 그 어른이 존경스러운 것은 작가가 되겠다는 어릴 적 꿈을 공직을 떠난 후에 시작하였다는 점이다. 수필가로서의 길을 걷기 시작한 것이다. 한번 수필의 길에 접어들자 또 위만 보고 달리셨다. 「목요수필」을 비롯한 몇 개의 단체를 이끌어가며 주옥같은 수필집을 다섯 권이나 출간하셨다.

하늘을 향해 자라는 왕대나무처럼 수필의 절정을 향해 솟아오르고 계시다. 날마다 책을 읽고 날마다 수필을 쓰신다. 아무나 할 수 없는 일이다. 작가라는 명예나 자랑하면서 글도 쓰지 않는 허울뿐인 작가들이 수두룩한 문학계에서.

며칠 후면 일죽 선생님의 희수연(稀壽宴)이다. 선생님께서는 지금까지 부모, 아내, 자식들이 차려주는 생일상만 받았으니 이번에는 '내가 나에게 생일상을 차려 주려한다'며 초칭장을 보내셨다. 반갑고 감사하다. 건강하게 희수를 맞으심이 감사하고, 기쁜 자리에 초대해 주셔서 감사하다. 선생님께서 앞으로도 대나무처럼 꼿꼿하시기를 바라며, 선생님이 귀히 여기는 수필 한 편을 정성껏 낭송해 드려야겠다. (2014)

Ctrl+Alt 그리고 방향키

컴퓨터가 이상하다. 특별히 무엇을 잘못 만진 기억도 없는데 화면이 물구나무서있다. 내가 편집해 바탕화면에 걸어놓은 우리 가족 아홉은 허공에 거꾸로 매달려 있는 중이다.

작은아들 내외는 잔잔한 개울물에 발을 담그고 있는데 금방 물이 쏟아져 내릴 것 같아 조바심이 난다. 큰아들 내외는 칠갑산 천문대 앞에서 차를 마신다. 천문대 망원렌즈는 광학측량을 포기하고 땅 밑을 파고들기 직전이다. 남편과 나는 제주도서 일출을 기다리는데 해는 뜨기도 전에 지고 있다.

그렇거나 말거나 아홉 살, 열 살 손녀들은 거꾸로 선 채 새로운 체험이라는 듯 활짝 웃고 있다. 열두 살 손자는 세상이 뒤집어져도 멋지게 V자를 그린다. 아이들은 바뀐 화면에서도 적응이 빠르게 보인다.

우선은 마우스로 상태표시줄을 누르고 화면을 돌리거나 아래로 끌어내려 보았다. 끄떡도 하지 않는다. 전에는 그렇게 하면 되었는데 오늘은 전혀 반응이 없다. 생각해보니 그때는 운영체제가 지금과 달랐었다. 얼마 전에 낡은 컴퓨터를 올인원으로 교체하면서 운영체제를 윈도7로 바꿨더니 사용법이 다른 모양이다.

알만한 친구에게 물어보았지만 이런 경험이 없다고 한다. 전자제품 대리점이나 출시된 회사의 고객센터는 휴일이라 연락이 되질 않는다. 간신히 인터넷을 열고 들어갔으나, 그 화면도 뒤집어져서 문제 해결 방법을 검색해 보려 해도 글자를 거꾸로 쓸 재주가 없으니 아무 소용이 없다.

오늘은 컴퓨터에서 해야 할 일이 많다. 우선 내일 마감인 원고를 마무리해서 송고해야 한다. 메일을 점검하는 것은 물론, 글벗의 멋진 수필 「얼음꽃」도 편집해서 카페에 올리고 싶다. 친구가 전송했다는 시도 읽어야 한다. 또 꼭 보아야 할 영화도 다운 받아놓았는데 나는 거꾸로 된 내 집 비밀번호를 몰라 문 밖에서 발을 동동 구른다.

컴퓨터를 접한 지도 벌써 40년이 넘는다.

1400년대 레오나르도 다빈치가 계산기의 구조를 고안한 이

후, 처음 500년은 아주 느리게, 최근 100년은 눈부시게 발전해 온 것이 컴퓨터의 역사다.

내가 처음 컴퓨터란 단어를 들은 것은 1966년이었다. 기계가 숫자를 계산하고 사람의 말을 이해(?)한다는 것이 상상이 되지 않았다. 그것은 이성지수는 높으나 감성지수는 없다는 말도 들었다. 숫자는 잘 계산해도 문학 서적은 번역하기 어렵다고들 했다. 이혼한 여인이 좋은 남자와 재혼하기 위해 남편감을 골라달라고 인적사항을 넣었더니, 헤어진 남편이 적임자로 나왔다면서 우리는 웃었다. 그렇게 나와 컴퓨터는 아무런 상관이 없을 사이로 알았다.

그런데 불과 5년 뒤인 1971년 1월에 국세청에 '컴퓨터 센터'가 개관되고, 캐비닛만큼 큰 컴퓨터들이 장롱처럼 벽에 세워져 있었다. 사무용품이라기보다는 장식품 같았다. 그 앞에서 백여 명의 여직원들이 이진수천공작업을 하는 것을 보며 신기했다. 몇 년 뒤 교육에서 '장원'을 접했고, 관서에 한 대 정도 보급되던 컴퓨터가 점점 늘어나더니, '하나' 더 나아가 '한글 워드'로 문서 작성을 하기에 이르렀다. 그러다 1990연대 초에 우연히 '로터스'를 접하여 간단한 징수보고서 프로그램을 만들어 업무에 활용했다.

나는 당시 대전지방국세청에서 근무했는데 산하 13개 세무서의 보고서를 세목별, 유형별, 처리내역별로 일일이 합산하여 본

청에 보고해야 했기에 그 프로그램이 많은 도움이 되었다. 영문판이었던 그 '로터스'는 몇 년 후 한글판 '엑셀'로 바뀌었다.

1997년 1월 국세통합시스템이 개통되자 국세청에서도 보고서 프로그램이 만들어졌다. 다른 업무도 간단하고 정확하게 처리할 수 있게 되었다. 그사이 세계를 하나로 묶는 인터넷이 연결되고 개인용 컴퓨터가 빠르게 공급되었다. 기다리는 시간이 길었던 도스도 윈도로 바뀌어 요즘은 누구나 장소 불문하고 클릭 한 번으로 하고 싶은 작업을 하는 시대가 왔다. 나도 다르지 않아서, 인터넷카페는 물론 내 컴퓨터나 인터넷 블로그에 작품이나 사진을 보관하고 있다.

그렇게 오래 컴퓨터와 친해온 내가 화면 안에 들어가지를 못해 일을 할 수 없으니 실망도 이만저만이 아니다. 더구나 기계적인 장애도 아니고 다루는 방법을 몰라서.

나는 여전히 물구나무선 컴퓨터와 씨름 중이다. 수없이 껐다가 켜보고, 인터넷 선을 분리했다가 연결해 봤다. 그래도 반응이 없더니 이젠 화면 끄기조차 되지 않는다. 할 수 없이 강제로 종료하려고 자판에서 Ctrl과 Alt를 누르고 Delete를 찾는데 짜증이 난 오른편 새끼손가락이 쭉 미끄러져 그만 위쪽 방향키를 꾹 눌러버렸다. 그런데 이게 웬일인가.

순간 화면이 깊은 어둠에 잠기더니 우리 가족 모두는 제자리로 돌아왔다. 이상한 것은 편리한 대로 정렬해 놓았던 바탕화면 폴더들이 내가 세운 규칙을 무시하고 알파벳순으로 가지런히 늘어선 것이다 '업무에 복귀할 테니 차별대우 풀어 달라'는 노조원 같다. Ctrl과 Alt 그리고 방향키를 함께 누르면 화면이 원하는 대로 바뀐다는 그 쉬운 방법을 몰라서 40년 넘게 컴퓨터와 친해온 내가 여러 시간 헤맨 것이다.

눈만 뜨면 컴퓨터와 사는 난데 모르는 것이 많다는 것을 새삼스레 느끼며 자신을 돌아본다. 오래 사귀어온 이 간단한 프로그램도 제대로 알지 못하는 내가 다른 것을 얼마나 안다고 아는 척을 하며 살았는지 모르겠다. 더구나 서로 다른 개성을 가진 사람들의 처지와 내면을 알지도 못하면서, 누구는 나쁘고 누구는 좋다 하면서.

인터넷을 열고 들어서니 어느 목사님 말씀이 마음을 끈다.

"잘난 척하는 것은 배가 고프다는 말입니다."

그래 맞다. 내 안에는 빈 곳이 너무 많다. 그래서 늘 춥다. 시린 마음 한쪽을 데우기 위해 겸손하게 세상을 보아야겠다. 오늘은 속없는 컴퓨터가 속 붉은 나를 가르친 날이다. Ctrl+Alt+▲, ▼, ◀, ▶.

(2012)

간절한 마음

- 엄홍도 소나무

"저렇게 간절해 보이는 등대를 누가 고안했을까?"

멀리서 그 등대를 본 나의 첫마디였다. 거가대교 침매터널을 지나 부산 가덕도휴게소에 들렀을 때다. 가까이 예쁜 등대가 여럿 보였는데도, 나는 휴게소 오른쪽으로 멀리 조그맣게 보이는 애절한 느낌의 등대에 마음이 묶였다. 어느 곳에서건 등대는 반듯하고 의연하며 도도하였지 그토록 휘어져 감성이 느껴지는 등대를 본 건 처음이었다.

붉고 흰 두 개의 등대가 목을 길게 빼고 쓰러질 듯 서로 향하고 있었다. 윗부분의 장식을 고려하면 물에 잠겨가는 두 마리의 기린이 침몰하는 몸체는 아랑곳없이 상대를 향해 다가가려는 듯 보였다. 파도치는 바다에 막혀 절대 닿을 수 없는 그 한계가 나를 슬프게 했다. 가까이 마주 보며 닿을 수 없는 두 개의 마음처럼 서럽게 여겨졌다. 언젠가 어디선가도 저런 애절한 모습을 본 적이 있는데 거기가 어디였던지 얼핏 생각이 나지 않았다.

여러 날 지나서야 그곳이 영월이었다는 생각이 났다. 단종유배지 청령포.

'동서로 삼백 척, 남북으로 사백구십 척 안에 일반인은 함부로 드나들지 말라'는 금표비가 세워진 섬 아닌 섬. 삼면은 서강으로 둘러싸이고 한쪽은 절벽인 청령포는 천혜의 귀양지임이 틀림없다. 건물이라고는 기와를 입힌 단종어소와 반쯤 트인 담을 사이에 둔 초가 한 채뿐. 그 초가는 시중을 들던 하인이 머물던 곳이라고도 하고 그를 감시하던 사람이 머물던 곳이라고도 했다.

단종, 그는 열두 살 어린 나이에 임금이 되었다. 열다섯에 숙부에게 양위하여 상왕이 되고, 사육신의 단종복위운동 실패로 노산군으로 강봉되어 청령포에 유배되었다. 다시 금성대군이 일으킨 복위운동의 여파로 폐서인이 되어 사약을 받았고, 열일곱 꽃다운 나이로 관풍헌에서 활시위로 교살되었다는 것은 누구나 아는 이야기다.

그 청령포의 단종어소에는 밖에서 담장 안을 향하여 90도로 허리를 굽히고 엎드리듯 자라는 소나무 한 그루가 있다. 보통 충절의 소나무라 부르고, '엄흥도 소나무'라고도 불리는 허리 굽은 소나무. 나는 처음 그 소나무를 보면서 그의 간절한 마음을 받아 안은 것 같다. 그래서 그 소나무는 지금껏 내 마음에서 자라고 있었던 모양이다.

충의공(忠毅公) 엄흥도(嚴興道)는 당시 그 고을 호장이었다. 어두운 밤이면 몰래 찾아와 어린 임금의 처소를 넘겨보며 눈물을 훔쳤다는 엄흥도. 단종이 사사되어 동강에 버려지자, 사람들은 화가 미칠까 두려워 아무도 거두지 않았다. 그는 아들과 시신을 수습하여 몰래 자신의 선산에 평장한 후 벼슬을 내놓고 영월을 떠나 숨어 살았다. 그 능은 그로부터 240여 년이 지난 1698년에 단종이 복위된 후 장릉(莊陵)으로 불리게 되었다. 그리고 조선왕릉 40기에 포함되어 유네스코 세계유산으로 등재되었다.

장릉은 조선의 다른 왕릉에 비하여 몇 가지 특징이 있다. 왕릉은 도성 백 리 안에 둔다는 금기를 깨고 멀리 떨어져 있다. 다른 왕릉들이 낮은 구릉에 자리한데 비해 높은 산줄기 위에 있다. 규모는 작으나 원형이 잘 보존되었다. 더 중요한 것은 제향을 문화제로 거행하고 있다는 점이다.

영월군에서는 2007년 단종 승하 550년 만에 국장을 재현한 뒤, 해마다 4월 마지막 토요일에 단종문화제의 중요행사로 제향을 올린다. 올해는 장릉 경내 정자각에서 제향을 올렸고, 초헌관은 영월군수였다.

나도 몇 년 전 문우들과 함께 흰 두루마기를 입고, 건을 쓰고, 행전을 치고 단종국장 행렬을 따랐던 적이 있다. 시내를 돌고 다리를 건너며 정자각에 이르기까지 적지 않은 시간이었지만 숙연했다.

이런 일은 엄흥도의 충절이 없었다면 이루어지기 어려웠을 것이다. 담장 밖에서 어소 안을 보살피던 그의 간절한 마음이, 잘못된 역사에 경각심을 주고 비명에 간 어린 임금을 기리는데 한몫을 한 것이다.

후에 알아보니 그 간절한 등대는 부산 신항 동·서 방파제에 예술성과 안전성을 갖춰 세운 '차전놀이 등대'라 한다. 전래 민속놀이인 차전놀이를 형상화하여 강한 바닷바람과 파도에 맞서는 민족의 기백을 담았단다. 또 먼 바다를 항해하고 돌아오는 선원들에게 친숙함과 포근함을 안겨준다고 한다.

같은 형태의 등대가 보는 각도, 보는 이의 마음에 따라 그렇게 달리 보인다는 것에 묘한 느낌을 받는다. 그래도 내게 그 등대는 처음 본 느낌 그대로 간절한 등대다. 마주 보며 닿을 수 없는 다감하고 슬픈 등대. 사모하는 임금을 직접 만나지 못하고 담장 밖에 숨어 안위를 살피던 엄흥도의 마음 같은 등대다.

부산 가덕도와 영월 청령포서 본 간절한 마음의 표상이 슬픈 듯 따스하다. 지금 내게 가장 간절한 것은 무엇일까? 곰곰이 생각하며 단종의 자규시(子規詩)를 가만히 읊어본다.

원통한 새 한 마리가 궁중을 나오니
외로운 몸 그림자마저 짝 잃고 푸른 산을 헤매누나
밤은 오는데 잠들 수가 없고
해가 바뀌어도 한은 끝없어라
새벽 산에 울음소리 끊어지고 달이 흰빛을 잃어 가면
피 흐르는 봄 골짜기에 떨어진 꽃만 붉겠구나
하늘은 귀먹어 하소연 듣지 못하는데
서러운 이 몸의 귀만 어찌 이리 밝아지는가. (2012)

천사들의 말

소녀의 몸짓이 사랑스럽다. 열다섯 살쯤 될까? 두 손을 폈다 접었다 여러 모양으로 움직이며 그에 따라 변하는 밝고 환한 얼굴이 꽃처럼 곱다. 그 아이는 6차선 도로 건너편에 있는데, 내 앞에서 걷고 있는 다른 소녀와 수화를 나누는 중이다. 앞에 걷는 소녀의 표정은 안 보이는데 건너편의 소녀는 나를 향한 듯 아주 잘 보인다.

참 오랜만에 보는 사랑스러운 모습이다. 아마도 친구와 만나 즐겁게 지내고 헤어지면서, 미처 못 한 말을 전하는 모양이다. 나 같으면 주위 생각 않고 큰소리로 당부하련만, 소리 없는 손짓의 대화가 예쁘기도 한다.

그 모습을 보고 있자니 예전에 수화하며 불렀던 동요가 생각난다. '텔레비전에 내가 나왔으면 정말 좋겠네' 하며, TV는 손가락으로 알파벳모양을 만들고, '나왔으면'은 왼손바닥을 펴서 오른손 검지로 손바닥을 찍어 앞을 향해 돌렸다. '정말 좋겠네'는 오른손을 반듯이 세워 펴서는 엄지와 검지 사이에 턱을 대었다가 주먹을 쥐고 코를 비빈다. 이게 맞는 것인지 단순한 율동인지도 모르면서 서너 가지 노래를 불렀다. 그것도 극장형 강당의 단상에서.

내가 다니던 관서의 직원들은 적어도 5년에 한 번은 정기교육을 받아야 했다. 여직원들은 교육을 따로 받았다. 교육기간은 3주에서 4주, 1회에 200명씩 교육했다. 그 인원이 한꺼번에 강의를 들어야 했으므로 교육원의 대강당에 가득 차게 앉아 월요일부터 토요일까지 공부하고 일요일만 쉬었다.

수원시 파장동에는 우리 교육원 말고도 다른 단체의 교육원도 있었다. 양쪽 다 합숙소가 없어서 대부분의 교육생은 근처에서 하숙했다. 대체로 방 하나에 두 사람씩, 한 집에 여덟 사람 정도가 함께했다. 집을 못 구하면 예닐곱이 한방을 쓰기도 하면서.

우리 교육원은 강의도 엄격했고 시험도 어려웠다. 등록 첫날 기본 소양평가를 본 후 중간평가와 종강평가를 했다. 수강태도에 대한 엄한 감점은 물론 평균점수가 기본점수에 미달하면 여지없이 낙제를 시켜, 다시 교육을 받으러 와야 했다. 어떤 분은 소양평가에서 점수가 낮아 교육도 못 받고 되돌아가기도 했다. 해서 밤을 새워 공부하는 직원들이 많았다.

하숙집 아주머님은 저쪽 교육원에 오는 분들은 쉬러 왔다면서 저녁에는 술도 마시고 고스톱도 치는데, 이쪽 교육생들은 밤을 새우니 전기세가 많이 나간다고 잔소리를 하셨다. 그도 그럴 것이 정치상황에 따라 법은 수시로 바뀌었고 용어는 어려웠으니까.

어떤 연유에서인지 모르나 그해에는 내가 그 200명을 대표하는 학생장을 맡게 되었다. 하는 일은 학생처와 수강생 사이에서 중간역할을 하는 정도였다. 또 강의 시작할 때 교수님께 대한 경례를 하는 것과 외부 강사를 모시고 와서 그분을 소개하고 약력을 알리는 일이었다.

그해 오월은 무더웠다. 교육원 등나무엔 보랏빛 등꽃이 환하게 매달렸어도 공부에 지친 수강생들은 절인 배추처럼 시들거렸다. 아무래도 분위기를 조금 바꾸어야 할 것 같아 점심시간 중 15분 정도를 활용해서 오락을 해보기로 했다. 첫날은 박수만 쳤다. 옆치기 박수, 물결 박수, 찌개 박수 등등. 많이 웃고 즐거웠다.

다음날엔 박수에 맞추어 노래했다. '조개껍질 묶어' '나는 못난이' 등을 부르고 또 그다음 날엔 '새색시 시집가네' 등에 율동을 덧붙였다. 이렇게 짧은 시간이지만 함께 노래하면서 분위기는 좋아졌고 수강생들은 즐거워했다.

문제는 나였다. 남들은 죽자고 공부하는데 나는 내일은 어떤 오락을 해야 좋을까, 율동은 어떻게 하지? 그 궁리만 하면서 시간을 보냈다. 수강생들이 오후 수업 시작 15분 전에는 모두 들어와 오락을 기다리고 있으니 멈출 형편도 아니었다. 유머퀴즈나 수수께끼도 냈지만, 레크레이션 지도를 받은 적도 없는 내 실력으로는 셋째 주에 이르자 바닥이 나고 말았다.

궁여지책으로 생각한 것이 동요였다. 어떤 연령대서도 동요를 모르는 사람은 없을 듯했기 때문이다. 초등학교 저학년이나 유치원에서 부르는 것을 골랐다. 참관 수업에서 본 기억을 살려, 율동과 함께하니 뜻밖에 반응이 좋았다.

'숲 속 작은 집 창가에/ 작은 아이가 살았는데… 작은 토끼야 들어와/ 편히 쉬어라//' 모두 아이처럼 상기되었다.

가장 반응이 좋았던 것이 수화노래였다. 짧은 지식으로 기쁨, 사랑, 강 등 몇 가지 수화를 알려주고 함께 노래했다. 그렇게 교육을 마치고 우리는 각자의 직장으로 돌아갔지만, '내게 강 같은 평화'를 부를 때 400여 개의 하얀 손이 위에서 아래로 흐르던 아름다운 모습이 오래도록 눈에 선했다. 고맙다는 안부 전화도 많이 받았다.

그 후로 TV서나 보았을 뿐, 내가 해본 적 없는 수화를 오늘 길에서 본다. 손짓으로 말하는 사랑의 소리 수화(手話). 그 당시에는 교육이 끝나고 돌아가면 수화를 배워서 봉사하겠다고 생각했지만, 직장과 가정으로 정신없이 쫓겨 다니느라 그만 잊어버리고 말았다.

오늘 오랜만에 귀여운 소녀들의 수화를 보며 반성한다. 수화 봉사는 이제 물 건너간 얘기지만 다른 것이라도 하는 길을 찾아봐야겠다고. 봄빛이 흐르는 길 건너 도로에서, 장애를 지닌 어린 소녀가 나이 든 나를 가르친다. 소리 없는 소리로.

(2016)

수필카페의 토끼

창작수필문인카페 '한 줄 인사'란에 한 수필가가 글을 올렸다.

원글. 김○○ 수필가 2014. 09. 03. 10:43

저는 지난 여름방학 내내 방과 후 수업을 했는데요.

영문을 모르는 사람들은 '돈 많이 벌겠다.' 그러는데요. 제가 그럴 수밖에 없는 이유가 있어요. 언제부턴가 아이들이 집에서 키우던 동물을 제 교실에 갖다놓는 거예요. 토끼, 햄스터, 기니피그… 교실이 아니라 동물원이 되었습니다.

토끼는 더는 교실에서 키울 수가 없어서 옥상에 갖다놓고 밥을 주는데 여름방학 기간에 새끼 여덟 마리를 낳았어요. 그러니 이놈들 사료 값 대야지, 밥 챙겨줘야지, 방학이라고 제가 집에 편히 있을 수 있겠습니까?

여러분! 집에 토끼가 먹다 남은 사료 있으면 좀 보내주세요.

댓글 1. 고망쥐 09.03. 12:54,

ㅎㅎㅎ. 뒷산에 가면 천지가 풀인데 토끼는 산에 풀어주시면 어떠실지?

저는 뒷산에서 복도로 날아온 사슴벌레를 키우려고 집으로 데려와 플라스틱 통으로 집을 만들어 넣어주었는데 밤새 어디론가 도망가 버렸어요.

댓글 2. 이○○ 회장 09.03. 14:09

ㅎㅎㅎㅎㅎㅎㅎ 김 선생님답군요! 성금 모아 보낼까요????

댓글 3. 김○○ 국장 09.03. 14:24

부뚜막 위를 서성거리는 고양이 한 마리도 보이던데,

고놈도 잡아서 보내드릴까요? ㅎ~ㅎ

댓글 4. 엄지 09.03. 15:01

사료 먹는 토끼, 햄스터 기니피그, 학교동물원을 세우셔도…

근데 사료 값 댈 수 있는 방학도 끝났으니 걱정이 되네요. ^@^

댓글 5. 아쿠아 09.03. 20:53

ㅎㅎㅎㅎ 김○○ 샘, 동물원 원장님이시네.

댓글 6. 야생화 09.04. 05:50

아니, 토순이의 다산을 앞으로 어찌 감당하시려고요?

봉급 다 털어 넣으시면 ○○씨한테 쫓겨납니다. ㅎㅎㅎㅎㅎㅎ

댓글 7. 봄비 09.04. 08:16

참으로 아름답게 사시는군요.

제가 공주에 근무할 때 관서에서 토끼 열 마리를 키웠지요. 토끼장이 휴지 소각장 옆이었어요. 어느 날 숙직원이 휴지를 태우다 화장실 간 사이에 날개 달린 불이 그만 토끼장에 옮겨 붙었습니다.

해서 토끼 두 마리가 타 죽고 나머지도 화상을 입었는데, 그 여파로 직원이 사유서를 제출하고 주의처분을 받았어요. 다음 날 점심에 구내식당엔 토끼요리가 올라왔지요. 직원들이 그걸 먹으며 사유서도 안타깝고 토끼도 불쌍하지만, 요리는 맛있었다고 했던 기억이 납니다. 생각하면 그래도 그때가 좋은 시절.

댓글 8. 김○○ 09.04. 10:47

여러 회원님께서 저의 동물친구들에게 애정을 주셔서 고맙습니다.

댓글 9. 채○○ 09.04. 18:21

집에서 동물을 키우지 않으니 보내 드릴 사료도 없고 동물사랑이 유별나지도 않으니, 회장님께서 성금 보내실 때 저도 조금 성의를 보일게요.

댓글 10. 민○ 09.06. 04:08

저도 과거에 토끼 여러 마리를 키워본 적 있는데, 알고 보니 토끼는 초식성이 아닌 잡식성이었습니다. 풀과 사료는 물론 마늘, 고추, 마늘껍질… 사정없이 다 먹기에 혹시나 싶어 고기도 조금 떼어주었더니 그것도 먹더라고요.

굶주린 토끼였느냐? 아니요, 늘 잘 먹인 토실토실한 토끼였어요.

사료를 못 보내는 대신 정보를 보냅니다. ^^

다음 '한 줄 인사'가 올라왔으므로 토끼 댓글은 여기서 그쳤다. 모처럼 혼자 킥킥 웃는다. 댓글 쓴 작가들의 모습과 그들이 쓴 수필이 더불어 생각나서 재미있고, 내가 쓴 댓글도 잊었던 터라 새롭게 읽힌다.

현재 유행하는 SNS는 주로 스마트폰으로 이루어지고, 자연스레 글을 공유함으로써 방문하지 않고도 내 홈에서 친구의 글을 볼 수 있다. 장문의 메시지보다는 현재의 상태를 단문으로 기록하는 형태로 바뀌었다. 쉽고 편하다.

덕분에 컴퓨터를 열고 사이트를 방문해야 이용되던 기존 인터넷 카페가 점점 시들해지고 있다. 그래도 나는 차분하고 여유롭게 쉴 수 있는 유행 지난 인터넷 카페를 좋아한다.

사실 오늘 나는 몹시 피곤하다. 어느 단체에서 타인을 비방하는 글이 소속밴드에 올라와 온라인을 넘어 오프라인에서까지 찬반양론이 팽팽한 것을 보고 온 터여서 위로를 받고자 수필카페에 들른 것이다.

그리고 반년이나 지난 토끼 댓글에서 위로를 받는 중이다. 글을 올린 회원들의 따뜻한 평소 모습을 상상하며 읽으니 더 위로가 된다. 그 문우들은 이 밤 어디서 무엇을 하고 있을까? 갑자기 그들이 보고 싶어진다. 미운 짓도, 예쁜 짓도, 멋대로 하며 자유를 최대한 누리는 인터넷은 확실히 다중인격에 팔방미인이다. 거기서 스스로 인격과 미의 가치 기준을 선택하는 것은 결국 자신의 몫이다.

수필인 듯 수필이 아닌 이 글을 쓰면서 요즘 새로운 수필형식 개발에 열을 올리시는 분들께 묻고 싶다. 이것은 수필인가? 아닌가?

(2015)

어성전의 3박 4일

그날 일기는 좋지 않았다. 날씨는 무더웠고, 태풍 갈매기는 올라올 준비를 하고 있었다. 그래도 우리는 계획대로 강원도 양양을 향해 떠났다. 오래전부터 약속된 여행이었기 때문이다.

첫날 저녁 늦게 도착한 우리는 산막 앞 탁자에 앉아 오래도록 이야기를 나누었다. 날씨가 흐렸고 태풍이 다가오는 중이어서 기대하던 별은 없었다. 습기를 머금은 밤바람에 실려 고라니의 야릇한 울음소리가 간간이 들리기도 했다. 방바닥은 따스했지만 어둠이 깊어서인지 잠은 오지 않았다.

둘째 날 오전엔 이슬비 속에 산책로를 걸었다. 고추를 따고 감자도 캐어 친환경식단으로 맛있는 점심도 먹었다. 그런데 오후부터 태풍이 한반도에 상륙했는지 바람을 동반한 비가 억수로 내렸다. 골짜기를 후려치는 바람은 산막을 날릴 듯 대단했다.

우리는 산막 안에서, H가 써온 수필 「빗소리」의 초고를 합평했다. 소나기가 내리던 날의 이야기인데, '숲을 울린 빗소리가 20층까지 올라와 내 가슴을 두드린다.'라는 서두에 모두 손뼉을 쳤다. 창밖의 빗소리를 들으며 '빗소리'를 합평했으니 시의적절하였다고나 할까? 그리고 각자가 구상 중인 수필에 대하여도 많은 의견을 나누었다.

셋째 날에 잠깐 빗줄기가 가늘어지자, 이 마을의 이모저모를 다 보여주고 싶은 S는 등산로에 있는 자기가 좋아하는 낙락장송을 보러 가자했다. 미끄럽지 않은가 물었더니 가다가 어려우면 돌아오면 그만이란다.

그녀는 자루가 긴 우산을 하나씩 주더니 멧돼지가 나오면, 이걸 쓰고 죽은 듯이 있으란다. 그러면 그놈이 바위인 줄 알고 지나간다면서. 궁금한 것 못 참는 우리는 경사가 7, 80도는 됨직한 가파른 등산로를 겁도 없이 오르기 시작했다. 처음엔 천천히 조금씩 오르던 것이 이야기에 취해서 한참을 올랐다.

빗발이 굵어져 주변이 희미해지기 시작했다. S는 "가시다 어려우면 그냥 내려가면 되어요. 무리하지 마세요." 했지만 이미 올라온 길이 산 중턱은 지난 것 같으니 돌아설 수도 없었다. 아래는 잘 보이지 않았으나, 잘못하면 내리꽂힐 듯 까마득한 느낌이 들어 우리는 울며 겨자 먹기로 위만 보고 올랐다.

우산은 쓰나 마나여서 지팡이로 사용하고, 비를 줄곧 맞았더니 옷에서 더운 김이 모락모락 났다. 젖은 머리카락은 흩어져 얼굴을 덮었고 눈도 제대로 뜨지 못했으니 참으로 목불인견이었다. 두려운 중에서도 서로의 꼬지레한 모습은 왜 그리 웃기던지… 모르긴 해도 나는 그날 평생 맞았던 비의 양보다 더 많은 빗줄기를 온몸으로 맞은 것 같다. 그런 중에 주일인데 미사도 못 드렸다는 생각이 불안을 짙게 했다.

한 손에 우산을 들고 다른 손으로 밧줄을 잡고 오르면서 H와 K선생님이 걱정되었다. 나는 운동화를 신었는데 두 분은 굽 낮은 멋진 구두를 신었다. 몸집이 있는 H는 힘이 드는지 여기 높이가 몇 미터나 되느냐고 묻는데, S는 대답도 안 했다. 그녀는 무서운 유격훈련 조교로 변해버린 것이다. 계단이 없는 곳에서는 발이 자꾸 미끄러졌다. 그렇게 어렵사리 낙락장송이 있는 곳에 다다랐다.

의연하게 비를 맞고 있는 숨이 턱 막히게 큰 소나무들. 한 그루로 생각했는데 대부분의 소나무가 다 우람하고 커서 가히 낙락장송의 숲이라 할만했다. 우리가 어디서 이런 장엄한 소나무 숲을 볼 수 있겠는가 생각하니 지나온 어려움이 별것 아닌 듯 여겨졌다. 그러나 오래 머물 형편이 아니어서 돌아서는 마음에 아쉬움이 고였다.

이후는 어렵지 않게 산등성이를 넘어 내리막길에 접어들었다. 내리막 역시 쉬운 것은 아니었다. 주변이 희미해서 아래쪽 멀리는 잘 보이지 않는 것이 다행이라면 다행이었다. 길섶에는 산딸기가 빨갛게 익어 우리를 유혹했다. 그러나 S는 계속 재촉했다. 어두워지면 길을 잃게 되니 빨리 가야 한다면서. 우리는 또 죽자사자 걸었다.

비가 잠깐 그치자 산 아래가 보이는데, 저런 길을 어떻게 올라왔는지 놀랍고, 또 어떻게 내려가야 할지 걱정이었다. 산 저 아래는 운무가 자욱하여 그쪽에서 본다면 우리는 영락없는 구름 알갱이일 터였다.

지나고 보니 좋은 경험이지만, 그때 나는 정말 무서웠다. 대낮인데도 컴컴했던 산길, 발밑만 보고 걸으면 눈앞을 턱, 턱 가로막던 소나무들, 몽둥이로 후려치듯 내리던 폭우. 다 같은 마음이었던지 가장 연장자인 K선생님은 기도하셨단다.

"하느님, 저희가 무사히 이 길을 가게 하시고, 제가 이분들께 폐가 되지 않게 해주세요. 만약에, 우리 중에 누군가 희생되어야 한다면 제일 나이 많은 저를…."까지 하고는 '데려가라고 할까? 말까?' 망설이셨단다. 나중에 그 말을 듣고 모두 배를 잡고 웃었지만, 선생님은 후회하셨다.

"그냥 잘 가게 해달라면 되는데, 하느님을 상대로 건방지게 '만약에'는 말도 안 된다."라면서. 우리는 감격해서 말했다.

"선생님, 넷을 차례로 살펴보니 부담되셨어요? H를 보내려니 불쌍하고, 봄비를 보내려니 남편이 걸리고, S는 나이도 제일 적은데 안 되겠고. 해서 선생님이 가시려고 했었수?" 웃으면서도 선생님의 마음이 전해져 가슴이 뭉클했다.

S는 우리보다 더 많은 걱정을 했던 것 같다. 산에 오르기는 했는데, 빗발이 굵어지고 앞이 안 보이니 자신도 겁이 덜컥 나더란다. 초행인 언니들을 이끌고 경사가 심한 등산로를 반이나 올랐으니, 뒤돌아 내려가기는 더 어려울 듯해서 강한 척, 아무렇지도 않은 척하며 혼자 진땀을 흘렸다며 가슴을 쓸어내렸다.

다른 산촌과는 다르게 금강송이 많은 어성전은 공기와 분위기가 독특했다. 아늑하면서도 활달한 산과 계곡, 꿋꿋한 소나무들, 오래 묵은 체증도 가실 듯한 소나무 향기. K선생님은 그곳 분위기에 압도되어 커피를 시시때때로 마셨다. H와 나는 쭉쭉 뻗은 소나무에 기가 죽어서 작은 키가 점점 더 작아지는 느낌을 받았다. 그러면서 습하나 청정했던 빗방울의 냄새를 찾아 자꾸 주위를 돌아보았다.

넷째 날 아침에 우리는 그곳을 떠났다. 하지만 그해 여름 어성전의 3박 4일은 아직도 끝나지 않았다. 나는 요즘도 장대비가 내리면 홀린 듯 그날의 등산로에 우산대를 잡고 서 있는 나를 본다. 가파르고 끝이 안 보이던 산길, 후려치던 빗줄기와 한 많은 넋의 울음소리 같던 바람소리, 빗소리가 들린다. 온몸이 젖어서도 미소를 잃지 않았던 문우들도 보인다. 또한 수많은 어려움을 견뎌내고 올곧게 자란 잘생긴 낙락장송이 곁에 서 있다.

추억은 힘들었던 것들이 더욱 생생하고 아름답게 떠오른다. 어쩌면 우리의 삶도 극복해야 할 어려움이 많았을수록 더 가치 있는 것이 아닐까 싶다. 그리고 순간, 순간의 고통들은 언젠가는 지나간다. 어성전의 그치지 않을 것 같던 빗줄기가 그치고 햇빛이 나듯이. (2012)

아는 것이 병이다

인터넷카페에 들렀다. 조용한 스위시가 대문에 걸려있다. 무슨 슬픈 일이 생긴 줄 알았다. 그런데 자세히 보니 카페지기가 아들의 결혼 소식을 알리는 내용이다. 신랑 신부는 하얗고 노란 국화 속에서 활짝 웃는가 하면, 사랑스러운 포즈를 취하기도 하고 입맞춤까지 하고 있다. 잔잔한 음악이 슬픔을 이기지 못하는 듯 흘러간다. 게다가 빨간 꽃 한 송이가 돌아다닌다. 꽃무릇이다. 영락없는 장례식장의 고인추모 영상물이다.

나는 축하한다는 댓글을 달고 카페를 나왔지만, 마음이 영 찜찜했다. 모른 척해도 되지만 잘 아는 사이라, 다른 회원이 보기 전에 가만히 쪽지를 보냈다. 화면이 아름답고 아이들도 예쁘다고 칭찬을 먼저 했다. 덧붙여 꽃무릇은 상사화처럼 이별의 꽃으로 분류되니 다른 꽃을 넣으면 어떠하겠느냐고 넌지시 권유했다. 그러나 차마 국화에 관해서는 이야기하지 못했다. 이 정도 힌트를 주면 그것도 느끼리라 여겼다.

다음날 카페에 들어가 보니 꽃무릇은 지워져 있는데 예비부부는 여전히 하얀 국화 속에 있다. 그리고 그로부터 메일이 한 통 왔다. 인터넷에서 베낀 상사화와 꽃무릇의 사진과 간단한 설명을 곁들였고, 자신의 의견은 한마디도 쓰지 않았다. 말하자면 상사화와 꽃무릇은 이렇게 다른데 왜 아는 척하느냐는 항의인 셈이다.

아무 말 말까 하다가 짧게 답을 보냈다. 우리가 보통 가을에 피는 들꽃을 들국화라고 말하지만, 그 속에는 구절초나 쑥부쟁이 등 많은 꽃들이 있다. 정작 들국화는 노랗고 작은 꽃이 따로 있다. 그래도 통례적으로 가을 들꽃을 들국화라고 부르는 때가 많다. 상사화와 꽃무릇도 같은 의미로 잘 쓴다. 그리고 경사에는 쓰지 않은 꽃도 더러 있다고 하였다.

역시 하얀 국화 이야기는 하지 못했다. 더구나 꽃무릇은 한의학에서는 석산(石蒜)이라 부르며, 해독제로도 쓴다. 둥근 뿌리에는 유독한 알칼로이드가 들어 있다. 지방에 따라서는 그 꽃을 사인화(死人花), 장례화(葬禮花), 유령화(幽靈花)라고도 한다는 말도 하지 못했다.

꽃무릇은 보기엔 왕관 모양의 화려한 꽃이지만 상사화처럼 꽃과 잎이 만나지 못하는 꽃이다. 식물 분류상 수선화과 상사화속에 속하는 꽃이어서 상사화로 알고 있는 사람도 많다. 그래서 어느 사찰에서는 매년 꽃무릇이 만발한 때에 상사화 축제를 열 정도다. 모양도 이름도 다르기는 하지만 결혼의 상징으로는 좀 그래서 쪽지를 보냈는데 아무래도 내가 오지랖이 넓은 짓을 한 것 같다.

남이야 어떻게 했건 그냥 보고 말면 될 것을, 내 자식 일도 아닌데 알려주었다가 서운한 메일을 받고, 한번이면 족할 것을 다음에 답은 또 왜 보냈는지 후회가 된다. 아는 것이 힘이 아니라 이런 경우에는 병인 것이다.

어느 문우는 책을 읽다가 중요한 단어나 상황이 틀린 것을 발견하여, 작가나 출판사에 알려주면, 고맙다는 말보다는 귀찮다는 듯한 느낌의 답변을 많이 듣는다고 했다. 작가가 미처 못 본 부분을 알려주면 고마운 일이건만 상대를 까다로운 사람으로 몰아가는 일은 모자라는 짓이 아닐까 싶다.

이야기가 빗나가는 감도 있지만, 우리는 요즘 위, 아래가 없는 세상에 산다. 돈이 많으면 어른이고 지위가 높으면 어른이다. 목소리 큰 사람이 어른이 되기도 한다. 어떤 때는 무식이 유식의 머리채를 잡고 흔들기도 한다. 그런데도 정작 어른들은 여러 말 듣기 싫어서, 또는 편하게 용돈을 받고 싶어서 비위 맞추기에 급급하다.

전통에 관해 이야기하면 무조건 그것은 낡았다고 여기는 젊은이도 있다. 재단 비리를 척결해야 한다며, 두 팔 걷어붙이고 입에 거품 물고 시위를 하면서도, 정작 자신과 그 재단의 뒷거래는 거리낌도 없고 당연하게 여긴다.

어떤 사람은 공직에 있으면서 가족의 거주지를 하나씩 떼어놓고, 서민들을 위한 임대아파트를 가로채서 자녀의 신혼방으로 쓰기도 한다. 비리도 남이 저지르면 잘못이고, 내가 하면 오히려 자랑거리가 된다. 예전 같으면 이런 때 바른말을 해주는 것이 어른이 할 일이건만 모두 슬그머니 눈을 감는다.

이런 상황은 우리 어른 세대가 자녀를 잘 가르치지 못해서 그런 것이지만, 요즘 아이들은 부모나 주변 어른들보다는 인터넷의 영향을 더 많이 받으니 작은 문제가 아니다. 주의를 주면 오지랖이 넓은 사람이 되고, 모른 척하면 무책임한 사람이 되니 어찌 처신해야 할지….

지혜롭게 사는 법을 알려주는 글에선 나에게 이런 충고를 하고 있다.

늙은이가 되면 설치지 말고

미운 소리, 우는 소리, 헐뜯는 소리
그리고 군소리는 하지 말고
조심조심 일러주고 알고도 모르는 척 어수룩하소.
그렇게 사는 것이 편안하다오.
이기려 하지 마소. 져 주시구려,
한 걸음 물러서서 양보하는 것,
그것이 지혜롭게 살아가는 비결이라오.

옳은 듯 옳지 않은, 그른 듯 그르지 않은 이 충고를 곰곰이 생각해본다. 배가 산으로 올라가는 것을 보아도 이젠 오지랖 넓은 짓은 않겠다고 혼자 다짐을 한다. 그런데 이렇게 사는 것이 잘하는 짓인가? 자꾸 마음이 서글퍼진다. (2013)

돌아온 신발

아침 일찍 초인종이 울린다. 택배다. 받아보니 당진에서 온 농산물이다. 적당한 크기로 잘생긴 늙은 호박 한 개, 예쁘장한 고구마 약간, 들기름 한 병, 고슬고슬한 땅콩이 상자 안에 담겨 있다. 놀라서 전화했다. 바뀐 신발은 잘 받았는데 이게 웬 것이냐고. 그녀가 말했다.

"제가 구두를 바꾸어 신고 온 것도 미안한데 헌 구두를 잘 닦아서 예쁘게 포장해 보내준 것이 고마워 농사지은 것 조금 보냈어요." 한다. 덧붙여 자기는 다음날 아침에야 신발이 바뀐 것을 알았지만 찾을 엄두도 못 내고 새로 사야겠다고 생각하던 중이란다.

서울에서 살다 당진으로 귀농한 지 삼 년, 가족 먹을 밭농사만 조금 짓는데 아직도 서툴고 손이 모자라서 풀과 농작물이 더불어 자랐지만, 그런대로 먹을 만할 것이라고 한다. 손수 길러 짰다는 들기름은 참기름인지 들기름인지 구별이 안 될 만큼 고소한 냄새를 풍긴다. 이럴 줄 알았으면 나도 CD라도 한 장 넣어 보낼 걸 '성경 묵상 일력' 하나 달랑 넣은 것이 마음에 걸린다.

잃었다 찾은 내 신발 ○○ 230mm.

이것을 생각하면 가슴이 짠하다. 내가 발이 자주 아픈 것을 안 가까운 친구가 편한 신발을 수소문한 끝에 멀리 있는 친지에게 부탁해서 구해 선물한 신발이다. 넉넉지 않은 형편에 이만한 것을 사려면 친구는 다른 쪽에서 많이 절약하였을 것이다. 그래서 이 단화를 신을 때면 마음이 따스해지면서도 살짝 아파서 아름다움이 있는 곳에만 신고 다녔다. 따뜻한 그 마음을 오래 기억하며 기도해주고 싶어서였다. 그런데 그것을 잃어버린 것이 열흘 전이다.

영성 교육을 마치고 퇴소하던 토요일 저녁, 축하차 오신 신자들과 이야기를 나누느라 내가 짐을 챙겨 나오는 시간이 좀 늦었다. 그런데 입소할 때 넣어둔 59번 신발장엔 내 신발이 없었다. 할 수 없이 다른 분들이 다 떠난 후에 남는 것을 신고 집으로 돌아왔다. 나보다 더 필요한 분께 갔을 것이라고 여기면서도 선물한 친구에게 어찌나 미안한지 마음이 쓰렸다.

더구나 바쁜 중에 남의 신발을 신고 가신 그분도 아침이 되어 자기 것보다 크고 모양도 조금 다른 신발을 보고 당황했을 것이란 생각이 들었다. 신발을 찾자고 작정하니 어려운 일은 아니었다. 다행히 68명 수강생 명단이 적힌 수첩이 내게 있었다. 먼저 신발이 바뀌신 분은 연락을 달라며 상표와 치수를 적어 문자를 보냈다. 함께 오신 분들께도 알아봐 달라고 부탁했다.

3박 4일을 같은 공간에 있었으면서도 일정이 빡빡하여 한팀이 되었던, 열 명의 얼굴도 제대로 생각나지 않는 수강생들이 곧장 따뜻한 문자들을 보내오고 전화도 왔다. 작아서 어떻게 신고 갔느냐는 위로와 빨리 찾도록 기도를 해준다고도 하였다. 참 신기했다. 신발 한 켤레 잃어버리고 대전시는 물론 충청남북도에서 위로와 사랑의 기도를 받다니 슬그머니 민망한 생각이 들기도 했다. 그러나 엿새가 지나도 바뀌었다는 연락은 오지 않았다.

친구에게 전화했다. 네가 사준 귀한 신발을 잃었는데 잘 간수 못 해서 미안하다고. 그런데 친구가 웃으며 말했다. 좋은 곳에서 잃었으니 너보다 발이 더 아픈 분께 갔을 거라며 오히려 위로해 주었다. 그때 퍼뜩 손전화 중에는 40자가 넘으면 칼라문자로 넘어가서 글씨가 작아 볼 수 없는 전화기가 있다는 생각이 났다. 그분은 어쩌면 아직 문자를 못 보고 있을지도 모른다고 여겨진 것이다. 회신이 없는 분들을 점검해서 전화하기 시작했다.

세 번째 전화에서 그녀를 만났다. 자기도 일요일 아침에 보니 다른 신발이어서 난처해하는 중이라며 미안함과 반가움을 동시에 표현했다. 그녀의 신발장 번호는 30번. 기다리는 사람이 있어 바쁘기는 한데 현관은 어두우니, 그 번호에 있는 검정 신발을 신고 갔단다.

그러고 보니 내 신발장의 원래 번호는 30번이었다. 수강생이 많아서 넓은 신발장을 둘이 쓰라고 노란색으로 다시 번호를 붙여 놓아서 그 칸이 59, 60번이 된 것이다. 나흘 만에 그곳에 들른 그녀가 노랗게 양쪽으로 붙은 새 번호 대신 가운데에 적힌 검은색 숫자를 읽은 것은 어쩌면 당연한지도 몰랐다. 우리는 적지 않은 나이니까.

수첩에 담긴 그녀의 사진을 들여다본다. 투박한 음성과는 달리 선이 가는 작은 얼굴이 참 연약해 보인다. 이렇게 나는 신발 한 켤레를 잃었다가 찾으며 가냘프고 정 많은 당진의 그녀와 새로운 인연 하나를 맺었다. 더불어 자신이 공들여 선물한 신발을 잃어버린 나를 오히려 위로해준 친구의 긍정적인 품성도 다시 느끼게 되었다.

무언가를 잃어버리면 새로운 것을 얻게 된다던 어른들 말씀이 생각난다. 그런데 나는 잃어버린 것도 찾았고 새로운 인연도 맺었으니 얼마나 고마운 일인가. 내일은 친구를 불러내어 분위기 좋은 찻집에서 따끈한 커피 한 잔 나눠야겠다. 돌아온 신발을 자랑스레 신고.

(2013)

뜻밖의 선물

독자에게 편지를 쓴다.

선생님, 부족한 제 글에 분에 넘친 격려 주셔서 민망합니다. 더구나 귀한 선물까지 받게 되어 송구합니다. 소중한 시간에 손수 그림을 그리고, 글씨를 쓰셔서 격려의 글을 보내주셨는데 워드로 답신을 드리게 되어 죄송합니다.

저는 필체가 엉망인 데다 시간에 쫓기며 늘 바쁘게 살던 것이 습관이 되어 이렇게 컴퓨터에 앉아야만 글이 써지는군요. 말하자면 생각과 동시에 손가락이 함께 달려가는 참 한심한 사람입니다. 마치 조금 늦으면 누가 제 문장을 빼앗아 가기라도 하는 것처럼….

저는 이런 성급함으로 지도교수님께 자주 꾸중을 듣습니다. 특히 시를 쓸 때는 컴퓨터로 쓰면 깊은 사고를 하기도 어렵고, 당초에 썼던 좋은 시어들이 한 번의 삭제로 날아가 버린다고 걱정하시지요. 하지만 습관이 되어 고치려 해도 잘 안된답니다. 용서하십시오.

보내주신 글을 읽으며 감사한 마음도 많지만, 그 글에 나타난 선생님의 소개에 대하여도 많은 생각을 했습니다. '잘 되는 일이 하나도 없는 불운한 화가'라고 하셨는데 그 말이 상당히 마음을 아프게 합니다. 왜 그렇게 생각하시는지요?

전업 화가로 다른 장르 예술과 문학을 좋아하시고, 그 저자에게 격려를 주는 자필 편지를 쓰는 일은 아무나 할 수 있는 일이 아닙니다. 마음이 여유롭고 따뜻한 심성을 지닌 분들만 그럴 수 있지요. 그것은 돈으로 살 수 없는 커다란 재산입니다. 다른 사정은 제가 모르지만 아무리 복잡한 상황도 시간 앞에서는 해결되는 것이니 힘을 내셨으면 합니다.

저도 뒤늦게 글쓰기를 시작해서, 수필과 시로 문단에 나가자 친지들이 축하보다는 걱정을 더 많이 했었습니다. 왜 머리 아프게 어려운 길에 들어서느냐고 말리는 사람도 많았지요. 그래도 저는 늦었어도 시작하기를 잘했다고 생각합니다.

등단한 지가 얼마 안 되므로 나이는 많아도 싱그럽게 신인

소리를 듣고, 저는 또 그것을 즐깁니다. 작가로서의 철이 덜 들어서 겁 없이 대단한 원로들의 글에 딴죽 거는 재미를 느끼기도 한답니다. 누구는 단어 하나 때문에 날밤을 새우기도 한다지만, 저는 그저 글쓰기를 좋아할 뿐입니다. 수필에는 숨어있던 자신을 찾아 담아내면서 치유와 위로를 받습니다. 시는 딱딱한 틀 속에 갇혀있는 제게 상자 밖을 자유롭게 날게 하는 힘을 줍니다.

솔직히 저는 글로 성공한다거나 문학이 제 전부라는 치열한 생각은 못 합니다. 저처럼 속성으로 배우는 사람보다는, 시나 수필을 위하여 젊어서부터 기초를 다져가며 꾸준히 한길을 걸어온 분들이, 좋은 성과를 얻어야 한다고 봅니다. 대부분 생을 다른 세상에서 살다가 뒤늦게 글을 쓰는 사람이 그들을 능가하려는 욕심을 갖는다면 그것은 문학이란 장르에 죄를 짓는 일이 아닐는지요.

바꾸어 말하면 선생님처럼 평생 한 개의 목표를 향하여 오랫동안 밑그림을 그리신 분은 언젠가는 빛나는 이름을 남기게 된다는 얘기지요. 그래야 세상이 공평한 것입니다. 늦은 듯해도 그런 날이 반드시 올 것이라고 저는 생각합니다. 아니, 이미 그러하시겠지요.

저는 그림을 잘 모릅니다. 그러나 전시회에는 종종 갑니다.

고전, 인상, 바로크, 로코코, 추상, 행위미술까지 보러 다니지만 이해는 부족합니다. 그래도 관람자의 입장에서 제가 보기엔 선생님의 그림엔 힘이 있고 메시지가 있는 것 같아요. 가냘프거나 부드럽기보다는 건강한 카리스마가 느껴집니다.

그려주신 그림의 꽃은 벌개미취나 쑥부쟁이 같군요. 제 글에 6·25가 나오므로 나이를 고려하여, 여름꽃인 벌개미취가 아니고 가을꽃인 쑥부쟁이로 보았습니다. 자주와 짙은 초록으로 엄숙한 분위기도 느껴지지만, 주제로 넣은 꽃이 아직 싱싱한 것으로 보아 생명의 존귀함과 희망이 느껴지기도 합니다. 선생님의 의도와 어긋나지는 않는지요? 하지만 글이나 그림은 발표를 하고 나면 작가의 것이 아니고 감상자의 것이므로 이해하여주시리라 믿습니다.

당부하신 말씀처럼 요즘은 참 이상한 시대입니다. 능력보다는 재력이나 권력에 빌붙어 예술창작을 하는 분들이 퍽 많습니다. 재력을 바탕으로 괜찮은 그룹에 들어가 해외전시 몇 번 하고 국제 작가라고 으스대는 분들도 있더군요. 웬만한 화랑에서 전시회를 열고, 좋은 영상매체나 유명 인사를 통한 비싼 광고를 합니다. 그 덕에 작품이 잘 팔려서 대단한 작가인 양 자만하는 경우도 많습니다. 이런 경향은 미술이나 문학에서만이 아니고 다른 장르의 예술에서도 그러합니다. 웃기는 얘기로 예술품에도

금을 칠해야 명작대열에 들어간다는 말이 있을 정도지요.

허긴 르네상스 시대에 메디치 가문이 없었다면 미켈란젤로나 레오나르도 다빈치, 보티첼리 같은 인물도 없었으리라는 말도 있지만 이것과 그것은 좀 다른 얘기라 생각합니다.

선생님이 읽으셨다는 수필 「내 안의 피에타」는 2008년에 「아름다운 동행」이란 창작수필동인지에 처음 발표했고, 같은 해에 낸 제 첫 수필집의 표제기도 합니다. 발표 당시에는 작은 관심을 끌기도 했지만, 이젠 잊혀가는 글입니다. 그런데 2년이 지난 지금 선생님의 편지를 받고 작은 보람을 느낍니다. 더구나 저를 격려하기 위해 자식 같은 그림까지 보내주셔서 감사합니다. 소중하게 잘 간직하면서, '반듯한 창작활동'을 하라는 당부를 늘 기억하겠습니다.

선생님, 이번 여름은 상당히 무더워서 견디기 힘들었는데, 보내주신 글과 그림으로 제가 참으로 행복한 여름을 지냅니다. 다시 감사드리며, 좋은 나날 되십시오.

독자로부터 종종 뜻밖의 선물이나 편지를 받는다. 이 글은 어느 분이 주신 선물과 격려 편지에 대한 답신이다. 당시에 편지를 워드로 작성하여서 파일이 남아 있는 것이 눈에 띄었다. 삭제하려니 왠지 아쉬운 생각이 들어 글방으로 옮겨 놓기로 했다.

작품집을 출간한 후에는 독자로부터 분에 넘친 격려를 받는다. 그러나 일 년 정도 지나면 거의 끊긴다. 그런데 이분은 단지 수필 한 편을 읽으시고 4년이 넘은 지금까지 계절이나 절기가 바뀔 때마다, 문자메시지로 안부를 전하며 늘 반듯한 격려를 주신다. 어제도 따듯한 문자를 보내주셨다. 감사하다.

지난달에는 수필 「격포리의 사랑」을 읽었다며, 상주에 계신 어르신이 검은콩과 검은깨, 들깨를 보내주셨다. 검은 열매가 건강에 좋으니 잘 챙겨 먹고 멋진 글 쓰라는 격려 메모를 곁들여서. 많은 고마움과 함께 부담도 느낀다. 염치도 없다. 그러나 이처럼 고마운 독자들의 격려와 사랑이 오늘도 나를 책상 앞에 앉게 한다.

(2013)

엄마, 오늘 못 들어가서 미안해

해마다 아이들이 죽는다. 꿈이 꿈을 부르는 그 어여쁜 나이에. 대학 입시철이면 수능성적에 실망하여 삶을 포기하는 수험생이 있는데, 남이 부러워할 정도의 좋은 성적을 내고서 자살한 경우도 있어 주변을 안타깝게 한다. 신학기에는 학교폭력에 관련된 자살도 많다. 남학생들은 폭행과 협박을 견디지 못해, 여학생들은 집단 따돌림이 주원인이 되고는 한다.

2013년 3월 열다섯 살 소년은, 죽음의 장소로 선택한 아파트 옥상에서 연필로 꾹꾹 눌러쓴 유서를 남기고 투신했다. 가족을 많이 사랑하고 변변치 못한 막내가 먼저 가서 미안하다는 눈물겨운 마음을 남겼다. 중학교 때부터 저를 괴롭혔던 가해 학생 다섯의 이름을 적고, 현재의 학교폭력 상황과 경찰의 대처방안을 나름대로 적었다.

엄마, 오늘 못 들어가서 미안해. 아빠한테도.
누나한테도 미안해. 가족들이 이 종이를 볼 때쯤이면 내가 죽고 나서일 거야.
미안하다고 직접 말로 전해 주지 못해 너무 미안해.

당시 이 유서를 보고 눈시울 적시지 않는 이가 있었을까? 세상에 이런 일이 있어서는 안 된다고 분개하며 열을 냈다. 이 학생이 세상을 버릴 때까지 아무것도 해주지 못한 스스로를 자책도 했다. C를 괴롭혀온 나이 어린 가해학생들은 부모에게 자신의 고통을 하소연할 길조차 열어주지 않았다.

아마 내가 죽으면 가족들이 제일 힘들겠지.
엄마 아빠 누나 내가 이렇게 못나서 미안해.
순진한 건지 바보인건지 내가 덜렁거려서 물건도 잘 못 챙기고.
그래서 내 폰도 몇 번씩 고장 내고 또 잃어버리고.
학용품도 잘 못 챙겨 자주 잃어서, 내가 그럴 때마다 미웠을 거야.
하지만 나를 계속 챙겨주던 내 가족들 정말 사랑하고 죽어서도 영원히 사랑할게.

공부도 못한 이 막내가 먼저 죽어서 미안하고 나는 정말 이렇게 살아갈 날 많이 남아 있고 또 미래가 이렇게 많은데 먼저 죽어서 미안해.

사건 발생 당시 연합뉴스가 부모의 동의를 얻어 공개한 유서 중 일부다. 그 나이면 부모에게는 아이로 보이지만 스스로는 다 자랐다고 여겨지는 사춘기 무렵이다. 꿈도 많고 웃음도 많은 그런 나이다. 그런데 소년은 몇 년을 두고 학교 친구들의 폭력과 괴롭힘으로 홀로 고통을 견디다 못해 결국 생을 접고 말았다.

중학교 2학년 때부터 고등학교 1학년 초까지 2년여를 협박과 구타는 물론 신체의 은밀한 부위까지 노출당하는 수모를 겪는다면 누구인들 견뎌낼 수 있었겠는가. 심지어 가해자 다섯 명 중 하나는 소년의 집에서 6개월이나 함께 살기까지 했다니 기가 막힐 일이다.

아무것도 모르는 부모는 그를 아들 친구라는 이유로 자식처럼 돌보았다고 한다. 뉴스에 학교폭력 얘기가 나올 때면 어머니는 "혹시 너는 학교폭력은 당하지 않느냐?"고 물었지만 아이는 그때마다 아니라고 하더란다.

아이 엄마는 함께 살고 싶은 친구가 있을 정도니 교우관계가 좋아 다행이라 여겼다는 것이다. 학교에서는 물론 내 집에서조차 마음 편히 못살았을 그 내막을 전혀 눈치채지 못하고. C는 어쩌면 친구들의 악행을 부모에게 알릴 경우에, 혹시 닥칠지 모를 가족들에 대한 위해를 걱정했던 것은 아니었을까?

> 집에서 말고 옥상에서 불편하게 적으면서 눈물이 고여 하지만 사랑해♡
> 나 목말라. 마지막까지 투정부려 미안한데 물 좀 줘.

유서의 마지막 구절은 이렇게 끝났다. 이 말은 막다른 길을 떠나는 아이가 세상을 향하여 던진 처절한 항의며, 죽음을 멈추고 싶은 내면의 요구였을지도 모른다.

그러나 정작 책임져야 할 어른들은 아무도 그 말을 알아듣지 못했다. 그가 죽음으로 사실을 알리고 나서도 사후약방문 붙이기에만 급급했다. 아니 사후 약방문이라도 잘 붙였다면 제2, 제3의 C는 생겨나지 않았겠지만, 학생들의 자살은 오늘도 계속되고 있다.

어쩌다 우리가 이토록 학업성적에만 목매는 민족이 되었을까? 언제부터 주먹이 센 자, 돈 많은 자가 주인이고 약하고 가난한 자는 종처럼 되어야 했을까? 가족에게조차 내 고통을 털어놓지도 못하는 세상이 되었을까?

아무리 생각해도 이건 우리 어른들의 잘못이다. 모든 것을 돈과 학력에 대한 서열 나누기로 일관하고 도덕심에 눈감아버린 결과다. 진정한 교육보다는 성적만으로 아이들을 줄 세웠다. 책을 읽어도 돈 많이 버는 법, 건강하게 오래 사는 법, 자녀 일류대학 보내는 방법에 관심이 있을 뿐, 정서를 다스리는 문학서적에는 시선도 주지 않은 결과다.

그날 뉴스를 보는 내내 소년의 마지막 말에 가슴을 깊게 찔려 잠을 이룰 수가 없었다. 나도 가해자의 한 사람임이 부끄러웠다. 자꾸만 들리던 소년의 마지막 말 한마디.

"나 목말라. 물 좀 줘." (2015)

평범한 듯 비범하게 반짝이는 수필집

- 이봉길의 『야간비행』을 읽고

수필집 「야간비행」의 저자 이봉길 작가는 나의 글벗이다. 내가 처음 읽은 그의 수필이 「다락방 창」이었다. 나는 그 작품이 좋아서 그를 나의 글벗으로 점찍어버렸다. 누구하고나 잘 어울리지만, 아무나 친구로 삼지 않는 내 성격으로는 처음 있는 일이었다. 그 후 더러 초고를 보여주거나, 읽은 글에 대하여 의견을 나누기도 했고, 문학행사에서 얼굴을 마주하기도 했다. 그때마다 참 반듯한 사람이라는 생각을 해왔다.

그런 글벗이 이번에 첫 수필집을 낸다고 한다. 반갑고 궁금해서 작품들을 다시 읽었다. 역시 그의 수필은 신선하다. 처음 생각엔 그저 남보다 먼저 읽고 싶을 뿐이었는데, 읽고 난 후

독후감을 쓰고 싶은 생각이 들었다. 그래서 나름대로 그 느낌을 적어보았다.

첫째, 차분하게 반짝이는 수필집이다.

양념 같은 형용사를 많이 쓰는 것도 아니고 표현을 곱게 하려고 애를 쓴 흔적도 별로 없다. 그런데 그의 수필에선 빛이 난다. 이유를 생각해보니 간결하고 단단한 이미지들이 서로 감싸 안는 과정에서, 찻잔에 별이 뜨듯 순한 빛을 만들어 내는 것 같다.

> 늦도록 창가에 기대서서 밤하늘을 바라보는 버릇은 여전했다. 하늘은 남색으로 변해 있었고 별들은 안개꽃처럼 하얗게 보였다. 타향에서 보는 별들은 서리가 내린 것같이 차갑게 느껴졌고, 나를 외면하는 듯 눈길을 주지도 않았다.
>
> -「다락방 창」 중에서

> 어둠은 색깔이 없다. 어둠은 막막한 숲, 바다 속같이 무겁고 깊다. 이 순간 비행기는 하늘에 떠 있는 게 아니라 심연에 잠긴 듯하다. -「야간비행」 중에서

> 오솔길을 더듬어 올라가는데, 저만치 눈앞에 황금빛 달덩이가 땅에서 솟아오르고 있었다. 나는 한달음에 달려가 달덩이

앞에 오체투지 하듯 엎드렸다. 캄캄한 솔밭 속에 배꼽처럼 하늘이 뚫린 능 자리는 시간이 멈춘 듯 고요하고, 누런 잔디 위로 달빛이 내리고 있었다. 어디서 이렇게도 적막한 아름다움을 찾을 수가 있을까. -「선덕여왕릉」 중에서

자세히 읽어봐도 색다른 단어는 보이지 않는다. 한데 읽고 있는 동안 나는 다락방에서 별을 보고 있거나 비행기를 타고 깊은 어둠 속에 잠겨있다. 선덕여왕릉 앞에 엎드려 있기도 한다. 어둠에서마저 빛이 느껴지는 건 단어가 어울려 발하는 묘한 반짝임 때문이다.

둘째, 다양한 소재로 흥미를 유발한다.

저자는 자신의 주변에서 체험하는 일을 소재로 삼았으나 신변잡기란 느낌이 전혀 없다. 가족 이야기는 부모로 한정되어 있다. 대신 다른 사람이 체험하기 어려운 비행, 특히 야간비행에 대한 글이 있는가 하면, 바위, 문화재, 풍수, 여행 등 여러 가지 소재를 수필로 엮어 은연중 독자에게 지적 만족을 준다.

야간비행은 귀가 열린다. 엔진 소리가 크게 들리고 프로펠러에 바람 감기는 소리, 날개를 스치는 공기의 흐름이 느껴진다. 비행기가 숨을 몰아쉬는 듯이 둔탁한 엔진 소리에 마음이

급해지고 내 심장의 고동소리가 북소리처럼 들리기도 한다.
-「야간비행」 중에서

태양의 도시 로마, 로마는 남성의 도시다 〈……〉 그 땅의 남성적이고 넘치는 기운에 대하여 자연의 밸런스, 즉 동양철학에서 말하는 음양(陰陽)의 조화를 생각했던 것 같다. 그래서 긴 수로를 건설하여 도시 외곽 먼 곳에서 물을 끌어들여, 당시 150만 인구의 용수를 공급하고 광장마다 분수를 쏘아 올려, 그 땅의 뜨거운 기운을 식혀 양(陽)의 기운을 다스리고자 했던 게 아닐까. (……) 경주, 그 땅에 들어서면 포근한 여성을 느끼게 한다. -「서라벌과 로마」 중에서

대청마루에서 천정을 올려다보면 대들보 위에 지붕의 용마루가 만들어내는 삼각형의 터널 같은 공간이 보인다. 이런 형태는 집안에 우주 에너지를 끌어들여 생체 에너지와 우리 몸의 기를 활성화시켜 준다고 한다. 그래서 옛사람들은 대청마루에 모여 밥을 먹고 쉬기도 하며, 일감을 들고 와 이야기를 나누는 등 집안에서 생활의 중심 공간으로 썼나 보다.
-「기와 뒤집기」 중에서

"그렇구나. 정말 그렇구나." 읽으면서 고개를 끄덕였다. 저자의 글을 따라 경주와 로마를 연결해보고 대청마루에 누워 삼각형 터널을 본다. 어려서 대청마루가 있는 집에 살았을 때도 못 느끼던 편안함이 내게 휴식을 준다. 놀랍다. 다양한 소재들이

주는 다양한 체험, 이 수필집이 지루하지 않은 이유가 여기에 있다.

셋째, 사물을 새롭게 보는 안목과 섬세한 표현이 좋다.

눈앞에 펼쳐진 경관이 숨을 훅 들이마시게 한다. 발 아래로 깊이를 가늠할 수 없는 계곡이 아침 안개에 잠겨있고, 눈앞에는 칼날 같은 능선, 그 위로 높고 낮은 암봉들의 행렬이 북쪽으로 내달리고 있다. (……)

마치 성난 파도가 날을 세운 듯한 능선 위로 불쑥불쑥 솟아오른 바위봉우리들, 북한산의 인수봉·만경대·비봉, 도봉산의 만장봉·자운봉 등을 모두 늘어세워놓은 모습 같다고나 할까. 기봉(奇峰)들의 자태가 빼어나고 땅이 꺼진 듯 골이 깊다. (……)

오르막길은 강파른 비탈길을 손발로 기어오르는가 하면 나무뿌리에 매달리기도 하고, 바위 모서리를 꼭 붙들고 몸을 솟구쳐 올라서는 곳도 있다. 간신히 다 올라왔나 싶으면, 불쑥 나온 바위를 쓸어안고 돌아가야 하는 곳이 나오기도 한다.

-「공룡능선 1275봉에 서서」 중에서

정장을 하면 넥타이와 얼굴이 마치 화병에 꽂힌 꽃처럼 한 세트가 된다. 여성들은 목걸이나 귀걸이, 브로치 등의 액세서리로 자신의 이미지를 바꾸거나 돋보이게도 한다지만, 남자는 넥타이뿐이다. 얼굴과 넥타이가 매치되어 그 사람의 이미지를 만든다. 넥타이의 색상과 무늬, 맨 길이에 따라 그 사람의 인상도 달라진다. -「넥타이를 다시 매면서」 중에서

소재 대부분이 이처럼 새롭게 살아서 움직인다. 바위를 파도로 보기도 하고 칼날로도 본다. 더구나 그것들이 멈추어 있지 않고 북쪽으로 내달린다. 그가 본 공룡능선이 내 눈앞에서 꿈틀거린다. 바위를 잡은 손을 놓쳐 낭떠러지로 튕겨나갈까 조마조마하여 손에 땀이 난다.

그런가 하면 거리를 걷는 정장 차림의 남성들을 화병에 꽂힌 꽃으로 보게 되기도 한다. 꽃병 모습도 꽃의 색깔도 각각 다르게 보인다. 뚱뚱한 꽃병, 길쭉한 꽃병, 감색 바탕에 노란 점박이 무늬가 찍힌 꽃병. 예민한 꽃, 너그러운 꽃. 거리가 온통 꽃밭이다. 새로운 표현이 주는 신선한 파장이다.

넷째, 의연함 속에 간직된 외로움이 느껴진다.

부모님에 관한 그리움이나 이성에 대한 사랑은 누구의 글에나 등장한다. 그런데 이 책에선 현재 함께 있는 가족이나 이성보다는 일찍 헤어진 부모님에 대한 그리움이 절절하다. 그래서 그런지 작가는 자주 어머니를 잃었던 사춘기를 떠올리며 눈물

짓는다. 남성으로서는 흔하지 않은 일이지만 그만큼 마음 안에 깊은 외로움을 간직하고 있다는 이야기다.

그곳은 다른 사람의 눈치를 보지 않아서 좋았다. 한동안은 집에 오면 교복을 입은 채 지붕 밑 구석진 방으로 숨어 들어가, 소리 내어 울기도 하고 뒹굴다가 졸기도 했다. 그땐 웬 눈물이 그리도 많았던지. -「다락방 창」 중에서

잠시 그림을 마주하고 있노라니 왠지 코끝이 찡하고 눈시울이 뜨거워졌다. 걸려있는 그림마다 또렷이 눈을 뜨고 나를 쳐다보고 있는 곤충들의 모습에 아릿한 외로움이 배어 있었다.

-「또 하나의 날개」 중에서

여운이 긴 종소리처럼 가슴이 아리고, 왜 그런지 자꾸 슬퍼진다. 지상의 불빛에 미련을 떨치지 못하고 길 잃은 어린아이처럼 울고 싶었다.

그런데도 '엄마별'을 보면 자꾸만 눈물이 난다.

-「야간비행」 중에서

식당은커녕 구멍가게 하나 연 곳이 없었다. 갑자기 울컥 목이 막히며 눈물이 핑 돌았다. 고향집과 돌아가신 어머니가 생각나서다. -「종로에서 울었다」 중에서

나는 동생에게 장화를 신기고 겉옷을 입혀서 손을 잡고 데리고 나갔다.

기다리던 아버지가 전차에서 내리시면 동생은 빗속으로 아버지를 부르며 찻길로 뛰어들었다. 아버지는 빗물이 흘러내리는 얼굴에 미소를 띠시며 기다리는 우리를 나무라셨다.

"추운데 뭐할라꼬 기다리노."

잎을 떨군 은행나무 가장이가 찬바람에 울고 있다.

-「비가 오는데」 중에서

그가 쓰는 가족의 이야기에는 저릿한 아픔과 그리움이 담겨 있다. 비 내리는 날 아버지 마중을 나가면서도 그냥 '동생을 데리고 나갔다'고 쓰면 되는데, '장화를 신기고 겉옷을 입혀서 손을 잡고' 나갔다고 쓴다.

평소에도 그의 심성이 그렇다. 가을이 오면 그는 자주 운다. 단풍이 고와서 울고, 낙엽이 서러워서 운단다. 봄이면 새싹이 안쓰럽고, 진달래 시린 꽃 빛에 향기가 없다는 핑계로 운다. 겨울에는 가슴에 남아있는 하얀 슬픔 때문에 또 운다.

마치 작은 가게에 드나드는 손님이 없다고 '저 집은 장사 안돼서 어쩌면 좋으냐'고 울고, 늦은 밤 도예가 이종수님 댁 대문을 두드리며 '보고 싶어 못 참아서 왔다'며 엉엉 울었다던 박용래 시인을 보는 것 같다.

그렇다고 그가 울기만 하는 사람은 전혀 아니다. 매사에 성실하고 무엇을 해도 온 힘을 다하며 굽힘이 없다. 일에 대한 추진력도 강하다. 단지 그의 내면이 곱고 다감해서 눈물도 많을 뿐이다.

다섯째, 독자에게 조용한 깨달음을 준다.

손으로 음식을 먹는 순간 세상이 다르게 보였다. 아니, 내가 달라진 것이다. 몇 번은 어색했지만 내 손으로 직접 먹는 것이 금속 숟가락을 쥐는 것보다 쉽고 편했다. 말은 통하지 않았지만 그들과 마주 보고 웃으며 서로 마음을 열었다. 우리네 삶과 무엇이 다른가? 여태까지 나는 이 땅에서 무엇을 찾았고 무엇을 구하러 다녔던가? -「인도 속으로」 중에서

바위에 몸을 붙이고 가야하는 비탈길이거나 한 사람이 겨우 지나갈 수 있는 벼랑길인데, 자칫 공룡이 기지개라도 켤라치면 천 길 낭떠러지 천불동계곡으로 성냥개비처럼 튕겨 나갈 것만 같다. 삶의 고비마다 한시름 놓기가 바쁘게 또 다른 시험대가 기다리고 있는, 때로는 곡예를 하듯 살아가야 하는 세상사와 같다고나 할까. -「공룡능선 1275봉에 서서」 중에서

가정에서도 자라는 자식에게는 부모가 안산 역할을 한다. 부모가 안산이 되어주지 못하는 자식은 해변의 방파제가 무너

진 듯, 세상풍파의 거센 바깥 기운에 맞닥뜨리게 된다. 부모가 나이 들어 안산 역할을 못하게 되면, 이번에는 장성한 자식이 안산이 되어 늙은 부모를 봉양한다.

-「풍수로 본 한반도와 일본열도」 중에서

흥미롭게 읽고, 새롭게 배우고, 사물과 삶을 연결하여 깨달음까지 얻는다면 그보다 만족한 독서는 없을 것이다. 나는 이 책에서 그 모든 것을 다 느낄 수 있어 읽는 내내 즐거웠다.

트집을 잡자면 마음을 따뜻하게 하고 새로운 것을 접하게 한 글은 많은데, 웃음을 짓게 하는 문장은 거의 없었던 것 같아 서운하다. 아울러 자신이 흐트러지거나 망가진 적도 없다. 달리 말하면 그는 늘 긴장한 삶을 살고 있었고, 지금도 그럴 것 같은 생각이 든다. 어려서 시작한 객지 생활, 한평생 몸담았던 계급 우선의 직장, 한시도 마음을 놓을 수 없었던 조종사 생활이 그를 긴장의 틀에서 놓아주지 않는 것 같다.

수필에 유머가 적다는 것은 흠이 되지는 않는다. 오히려 가볍지 않은 진실성이 느껴져 좋다. 하지만 이젠 삶 속에서는 그런 긴장감에서 벗어날 때가 된 것 같고 그러하기를 기대한다.

바위는 조용하다. 말없이 내 마음을 흔들고 가슴이 벅차오르게 만든다. 바위는 변함이 없다. 언제나 그 자리에 그대로 있다. 나는 바위처럼 변함없는 사람이 좋다. 좋아하는 임의 마음도 바위만 같았으면…. -「수락산 바위」 중에서

저자는 바위를 좋아한다. 그래서 인터넷상의 닉네임도 '엄지바우'다. 그가 바위를 좋아하는 이유는 여러 글에 나오지만, 바로 위에 인용한 글이 그것을 요약한 말일 것이다.

바위를 좋아하고, 바위처럼 변함없는 사람을 좋아하고, 자신도 바위이기를 바라는 사람. 그러면서도 그 내면에 수맥을 품듯 다정함과 섬세함을 지닌 사람. 그런 저자의 수필에 대하여 다 말하기에는 지면이 너무 적다. 그러나 더 이야기하는 것도 독자의 몫인 독창적인 감상을 방해하는 것 같아서 줄이기로 한다.

이봉길 작가의 첫 수필집 『야간비행』의 출간을 뜨겁게 축하한다. 아울러 맑고 산뜻한 수필의 향기가 많은 독자의 가슴에 전달되기를 기원한다. (2013)